Freundschaft ist DAS Erfolgsrezept für ein gelingendes Leben, das gilt für jeden individuell genauso wie für eine solidarische Gesellschaft als Ganzes. Freundschaft ist gelebte Lebensbejahung – und heute leider eine verloren gegangene Kunst. Aus seiner reichhaltigen Erfahrung als Psychologe und Coach gibt Philipp Johner alltagstaugliche Anregungen für gelingende Freundschaften. Und sein Buch leistet noch weit mehr: Es ist ein Leitfaden für ein bewusstes, erfolgreiches und erfülltes Leben.

Philipp Johner lüftet das Geheimnis echter Freundschaft – die Liebe zu sich selbst – und zeigt seinen Lesern, wie sie diese Kunst teilen und weitergeben können.

Philipp Johner ist Psychologe, Philosoph, diplomierter Psychotherapeut und Coach. Der frühere Schweizer Spitzensportler gründete 1990 die Manres AG, die heute erfolgreich Firmen in Deutschland und der Schweiz berät. Im Zentrum der Beratungstätigkeit stehen die Führungskompetenz und Persönlichkeitsentwicklung von Leistungsträgern. Daneben übt Johner eine vielseitige Vortragstätigkeit mit Auftritten in Funk und Fernsehen und Lehrtätigkeiten an Hochschulen aus. Im Leistungssport erzielte er als Kampfsportler nationale und internationale Titel. Philipp Johner ist verheiratet und lebt mit seiner Frau und seinen fünf Kindern in der Nähe von Zürich.

Weitere Informationen, auch zu E-Book-Ausgaben, finden Sie bei www.fischerverlage.de

Philipp Johner

Freundschaft

**Was es für ein
erfülltes Leben braucht**

**Fischer
Taschenbuch
Verlag**

Das Werk erschien erstmals in einer limitierten Kunstausgabe in der Verlagsgemeinschaft Südostschweiz im Jahr 2009 und ist für diese Ausgabe komplett überarbeitet, ergänzt und aktualisiert worden.

Veröffentlicht im Fischer Taschenbuch Verlag,
einem Unternehmen der S. Fischer Verlag GmbH,
Frankfurt am Main, April 2012

© S. Fischer Verlag GmbH, Frankfurt am Main 2012
Satz: Pinkuin Satz und Datentechnik, Berlin
Druck und Bindung: GGP Media GmbH, Pößneck
Printed in Germany
ISBN 978-3-596-19322-6

Meinem Vater Frédéric Johner gewidmet

Inhalt

Einleitung

Ein bisschen Freundschaft ist mir mehr wert als die
Bewunderung der ganzen Welt.
Otto von Bismarck

Bücher sind nur dickere Briefe an Freunde.
Jean Paul

Freundschaft ist ein Lebenselixier und ein Lebenssinn, nicht
bloß eine angenehme Begleiterscheinung des Lebens, auf die
wir ohne größeren Verlust verzichten könnten. Die Qualität
eines Menschenlebens, die Erfüllung, die eine Person in ihrem Leben erfährt, ist in hohem Maße von der Erfahrung von
Freundschaft abhängig.

Heute ist viel von sozialen und emotionalen Kompeten-
zen wie Leadership, Empathie, Authentizität, Wertschätzung,
Motivation oder Konfliktlösungsfähigkeit die Rede. Das Wort
»Freundschaft« kommt in diesem Vokabular eher selten vor.
Dabei ist Freundschaft genau betrachtet das Herzstück und die
Grundlage aller sozialen Kompetenzen. Freundschaft stärkt
den Glauben an sich, an Andere und an die Gesellschaft. Sie
eröffnet Entwicklungsmöglichkeiten auf allen diesen Ebenen.

Evolution durch Kooperation statt Konkurrenz

In meiner Arbeit als Coach und Unternehmer spüre ich täglich das Bedürfnis der Menschen nach vertrauensvollen, stabilen und intellektuell wie emotional bereichernden Beziehun-

gen, kurz gesagt nach Freundschaft. Als Coach, der Menschen sowohl in schwierigen Situationen wie auch im Erfolg begleitet, habe ich einen erschreckenden »Analphabetismus« bezüglich Freundschaft festgestellt. Wie man Freundschaft *macht* bzw. erhält, ist vielen Menschen schleierhaft. Oft geäußerte Phrasen wie »die Chemie stimmt nicht« oder »letztlich bist Du immer allein« drücken Passivität, ja Resignation aus. Dahinter bleibt jedoch die Sehnsucht nach einem der wunderbarsten Gefühle und Geschenke des Lebens spürbar, nämlich nach Freundschaft.

Besonders in wirtschaftlichen Zusammenhängen wird häufig angenommen, der Mensch sei primär auf Konkurrenzkampf und Egoismus programmiert. Demgegenüber kommt die aktuelle neurobiologische Forschung zunehmend zur Erkenntnis, dass der Mensch auf Kooperation und Resonanz ausgerichtet ist. Aus biologischer Sicht ist es das *social brain*, das den Menschen vom Tier unterscheidet und den vielleicht wichtigsten Erfolgsfaktor seiner Evolution darstellt: Wir Menschen wollen sozialen Kontakt und Bindung, wir wollen Freundschaft, weil unser Gehirn ein harmonisches und konstruktives Miteinander mit der Freisetzung von Botenstoffen im Körper belohnt, die uns ein gutes Gefühl und Gesundheit verschaffen, also das Immunsystem stärken. Destruktive Aggressivität entsteht demnach immer erst dann, wenn die primären Bedürfnisse nach Kooperation frustriert wurden.

Mobilität, technischer Fortschritt und eine individualistische Lebenshaltung setzen in der Gesellschaft ungeheure Zentrifugalkräfte frei, welche die Menschen zunehmend voneinander entfernen anstatt sie näher zusammenzubringen. Wir haben ein Handy und sind immer erreichbar, aber wann hatten wir zuletzt ein wirklich gutes Gespräch mit einem Freund? (Die Bezeichnung »Freund« wird in diesem Buch inklusiv verwendet, umfasst also Frauen und Männer.) Wie oft habe ich es mit Menschen zu tun, die viele Orte bereisen und dabei doch das Gefühl haben, nie wirklich anzukommen. Anzukommen bei sich selbst und in den Beziehungen mit den Menschen, die sie umgeben. Diese zwischenmenschlichen Fliehkräfte wirken sich letztlich auf den Zusammenhalt und die Entwicklung oder anders gesagt auf die Gesundheit unserer Gesellschaft aus. Deshalb brauchen wir praktizierte Freundschaft mehr denn je. Mit ihr fördern wir den Zusammenhalt in Familie, Schule und Beruf, verbessern die Perspektiven und Chancen von jungen Menschen und tragen zu positiven individuellen wie gesellschaftlichen Transformationen bei. Eine Kernthese dieses Buches lautet daher: Freundschaft ist das Immunsystem der Gesellschaft.

Wer Freunde hat, kann nicht gescheitert sein

Im Dezember 1946 kam in den USA ein Film in die Kinos, der heute als Klassiker der Filmgeschichte und in Amerika als der ultimative Weihnachtsfilm gilt. Die Rede ist von »It's a Wonderful Life« von Frank Capra. Das Happy End dieser turbulenten Weihnachtsgeschichte ist nur dank des Einsatzes vieler Freunde möglich, die die wahre Identität des Protagonisten erkennen und schützen – und dadurch sich selbst wieder eine positive Zukunft eröffnen. Der Schlusssatz des Hauptdarstellers James Stewart in der Rolle des George Bailey lautet denn auch: »Wer Freunde hat, kann nicht gescheitert sein.«

Das vorliegende Buch wurde geschrieben, um das Thema Freundschaft wieder dorthin zu führen, wo es hingehört: Heraus aus der Theorie und mitten hinein ins praktische Leben, befreit von der *Nice to have*-Mentalität unserer effizienzorientierten Gesellschaft, die sogar Freundschaft konsumiert, relativiert, taxiert und auf einen »Zusatznutzen« reduziert.

Der Gewinn dieses Buches besteht einerseits in knappen, auf den Punkt gebrachten soziologischen, philosophischen, psychologischen und ökonomischen Analysen über die Notwendigkeit und das Wesen von Freundschaft. Zugleich soll es aufrütteln und als praktisches Arbeitsbuch konkrete Impulse zum Handeln geben. Denn Freundschaft, wie ich sie verstehe, als essentielles Fundament des Lebens, enthält viel mehr als die ihr verwandten und gemeinhin bekannten Themen wie Vertrauen, Offenheit, Austausch usw. Diese können zwar helfen, Freundschaft zu beschreiben, erfassen ihr Wesen aber nicht im Innersten. Doch genau dem Wesen von Freundschaft möchte dieses Buch auf den Grund gehen und es einfach und dennoch umfassend beschreiben.

Es geht hierbei um die »Wiederbelebung einer verlorenen Kunst«, indem ich den wahren Wert und die tatsächlichen Möglichkeiten von Freundschaft für unser Leben aufzeige und Methoden anbiete, die sie auch wirklich erlebbar machen. Deshalb finden sich in diesem Buch Anweisungen, wie sich jeder selber zu einem tollen Freund entwickeln kann – die Voraussetzung, um im Leben wunderbare Freundschaften erfahren und genießen zu können.

Freundschaft verleiht unserem Leben Gestalt und Inhalt. Dieser In-Halt gibt uns dauerhaften Halt.

Das Studium der Kunst der Freundschaft, wie sie in diesem Buch dargestellt ist, wird Ihr Leben verändern:

- Sie werden in Ihrem Leben einen wesentlich höheren Grad an Erfüllung erfahren.
- Sie werden Ihre soziale und emotionale Kompetenz verbessern.
- Höhere Ziele werden für Sie erreichbar und Sie werden Ihrer Bestimmung näherkommen.
- Sie werden mehr Mut haben, Menschen zu lieben und dabei ihnen und sich selbst treu zu sein.

- Ihre Lust und Ihre Fähigkeit zu (kreativer) Eigenverantwortung werden gesteigert.
- Die Kunst der Freundschaft wird Ihnen helfen, zu sich selbst zu finden.

Freundschaft ist eine Kunst, der ein solides Handwerk zugrunde liegt. Es gibt in Bezug auf Freundschaft tatsächlich ein »Handwerk«, das unsere Gesellschaft weitestgehend verloren hat und das hier erläutert werden soll. Dieses Handwerk bildet die Voraussetzung dafür, dass Kunst entstehen kann. Es muss geübt werden, damit wir es dereinst transzendieren und in den Bereich der Kunst vordringen können, für welchen die Freundschaft Raum bietet.

Das Buch nähert sich dem Thema auf vielfältige Weise. Zunächst soll es die Lesenden an ihre Möglichkeiten erinnern, Freundschaften selbst aktiv zu gestalten. Ein falsches Vorurteil bezüglich Freundschaft lautet, dass beide Beteiligten dafür zu arbeiten haben. Dies ist nur bedingt richtig. Eine Freundschaft in voller Blüte hängt zwar tatsächlich von der engagierten Beteiligung beider ab. Das hier vorliegende Werk soll aber zeigen, dass die Entscheidung, ein Freund zu sein, eigenverantwortlich gefällt werden kann und soll.

In der Gesamtschau aller Anwendungsbereiche der Freundschaft erkennen wir, dass durch sie die Gesellschaft erstarkt und gleichsam auf einer interzellularen Ebene gesundes Gewebe und gesunde Organe bilden, die dem Körper erst ein optimales Funktionieren ermöglichen.

Den Beginn des Buches bildet das Kapitel über die Psychologie von Freundschaft und berücksichtigt dabei auch die »positive Psychologie mit Tiefgang«, die wir im Institut Manres in den letzten beiden Jahrzehnten entwickelt haben und die zum grundlegenden Rüstzeug unseres Institutes wurde. Mit der Psychologie des Positiven verhelfen wir Menschen und Organisationen zu mehr und nachhaltigem Erfolg und dienen damit sowohl den Beteiligten persönlich als auch den größeren Kontexten, in denen diese Beteiligten leben, ihren Firmen, ihren Familien und Freundeskreisen.

Um von diesem Buch profitieren zu können, müssen die einzelnen Kapitel nicht diszipliniert in der dargebotenen Reihenfolge gelesen und »abgearbeitet« werden. In einer Kunstausstellung springen wir auch gerne zwischen einzelnen Räumen und Bildern hin und her oder lassen uns, von den betrachteten Bildern inspiriert, spontan in eine bestimmte Richtung lenken. Durch eine Ausstellung zu hetzen ist, wie wenn man ein Musikstück zu schnell abspielt: Der Genuss geht verloren. Eine Kunst, besonders die der Freundschaft, erträgt kein Zeitdiktat. Nur zweierlei sollte für die Lektüre Voraussetzung sein: Ein offener Blick und der Wille zur Umsetzung.

Persönliche Worte

Im Rückblick auf meine persönliche Entwicklung habe ich mit Dankbarkeit entdeckt, dass ich in Bezug auf das Gestalten von Freundschaft gewisse Freiheiten und Möglichkeiten genieße, und erst mit der Zeit festgestellt, dass ich darin das Erbe meines Vaters weiterführe. Bei dessen Beerdigung – er starb 82-jährig – waren etwa 300 Menschen aus allen gesellschaftlichen Schichten und aus mehr als einem Dutzend Nationen zugegen. Bei einem derart reichen und langen Leben wie dem seinigen liegt es auf der Hand, dass ihm viele Freunde schon in den Tod vorausgegangen waren. Trotzdem war die Kirche gefüllt – im quantitativen wie im qualitativen Sinne. Bei kurzen, tiefen Begegnungen mit meiner Familie und mir kondolierenden Personen spürte ich, wie die Begegnung mit mir manchem Wegbegleiter und Freund meines Vaters eine

Art Frieden zu schenken schien, weil sie – so interpretierte ich es – spürten, dass sich sein Lebenswerk der Freundschaft »automatisch« in meinem Leben, gemäß meiner Art und meinen Lebensaufgaben, fortsetzt. Durch das Leben meines Vaters habe ich Freundschaft im Vollzug erlebt. Auch über den Tod hinaus. In seine Fußstapfen zu treten ist mir eine Ehre.

Die Schweiz war für die Theologie im 20. Jahrhundert ein fruchtbarer Boden. Die Theologen Karl Barth und Hans Küng haben Weltruf erlangt, und auch Emil Brunner, bei dem mein Vater in den 1940er Jahren Theologie studierte, hat viele Menschen erreicht. Eine Geschichte von Brunner hat bei mir besonderen Eindruck hinterlassen. Kurz vor Abschluss des intensiven Studiums der Heiligen Schrift und ihrer Auslegungen, sagte Professor Brunner zu den angehenden Pastoren: »Merken Sie sich Eines! Wenn dann der Mensch kommt, legen wir die Bücher beiseite.«

Ich danke Ihnen, sehr verehrte Leserinnen und Leser, für Ihr Interesse und wünsche Ihnen in der Begegnung mit diesem Buch viele bewegende, inspirierende und erfüllende Momente, die Ihrem Leben neue Reichtümer erschließen werden. Dieses Buch habe ich in der tiefen Überzeugung geschrieben, Ihnen einen Zugang zu den Ihnen innewohnenden Möglichkeiten zu eröffnen. Ich hoffe, dass Sie dadurch nicht nur ein erfüllteres Leben führen, sondern vor allem mehr Respekt vor sich und vor der guten Kraft, die Sie selbst als Kunstwerk erdacht und in die Welt gesetzt hat, entwickeln werden. In der Umsetzung der hier beschriebenen handwerklichen Schritte können Sie sich als eigentlichen Künstler und Ihr Leben als Ihr Meisterwerk entdecken.

Obersaxen, Jahresausklang 2011
Philipp Johner

Psychologie der Freundschaft

Die Würde des Menschen liegt in seiner Wahl.
Max Frisch

Meine Arbeit als Coach

Es ist sicher kein Zufall, dass sich im Verlauf meiner Karriere der Beruf des Coach mit zunehmender Deutlichkeit herauskristallisiert hat. Freundschaften waren stets ein wesentlicher Bestandteil meines Lebens; in ihnen trat meine eigentliche Bestimmung immer wieder neu hervor. Zugleich erfuhr ich durch meine Arbeit wiederholt, wie sehr ganz unterschiedliche Menschen in ihrem Leben Freundschaft(en) vermissten bzw. wie wenig sie vom »Handwerk« des Pflegens von Freundschaften verstanden und es ihnen dadurch ebenso an innerer Festigkeit wie an Erfüllung und Lebenssinn mangelte. Deshalb habe ich dieses Thema in Buchform gepackt.

Zunächst ahnte ich nichts davon, dass Freundschaft und Coaching so nahe miteinander verwandt sind. Ich bemerkte nur immer wieder, dass eine Trennung zwischen dem, was ich beruflich tue, und dem, wie ich privat lebe, eigentlich nur formaler Natur ist: Im einen Fall schreibe ich eine Rechnung, im anderen natürlich nicht. Dem Wesen nach sind die Parallelen überwältigend: Coach wie Freund gehen von einer positiven Zukunft des Klienten bzw. Freundes aus, wenn sie seine Gegenwart mit all ihren Herausforderungen, Verstrickungen und Optionen beleuchten. Beide gehen auch davon aus, dass ihr Gegenüber etwas Einmaliges bewegen und verändern kann, sowohl in seinen Lebensbezügen wie auch bei sich selbst; deshalb weisen sie den Klienten bzw. Freund auch immer wieder auf seine Wahlmöglichkeiten, also auf seine Freiheit, hin.

Dieser Gleichklang von Freundschaft und Coaching ist die Basis, auf welcher dieses Buch entstanden ist. Dieses Kapitel öffnet nun gleichsam die »Schatzkiste des Coach« und zeigt wesentliche Puzzleteile der Psychologie des Positiven, die wir bei Manres über die Jahre entwickelt haben.

Während der Coach seine Funktion als Freund häufig unterschätzt, merkt der Freund nicht selten, dass ihm Coaching-Kompetenzen nützlich wären, um seinem Freund besser helfen zu können. Mit der Offenlegung dieser »professionellen Schatztruhe« sollen also zum einen dem Freund Instrumente angeboten werden, wie er seinem Freund noch besser dienen kann. Dem Coach mag das Buch zum anderen zur Erweiterung seiner Möglichkeiten verhelfen und gleichzeitig das Auge für die Parallelen seines wunderbaren Berufes mit der Berufung zum Freund, zum Anwalt der Zukunft seiner Klienten, schärfen und ihm dadurch noch mehr Würde verleihen.

Mit diesem Kapitel hoffe ich überdies, allen Lesern den Reichtum der Möglichkeiten, die das Thema Freundschaft im Leben und Verstehen von uns Menschen bietet, näher zu bringen.

Wir sind so frei!

Wir klammern uns gerne an die Idee, dass Menschen grundsätzlich frei sind. Dabei leben wir im Alltag meist das Gegenteil. Allzu häufig arrangieren wir uns mit dem Un-frei-Sein und sehen uns als Opfer vergangener oder aktueller Umstände. Deshalb ist es – ausgehend vom Zitat von Max Frisch – eine zentrale Frage der menschlichen Existenz, wo genau die Freiheit der Wahl für uns greifbar ist und wie wir sie einsetzen können. Wählen ist ein noch präziseres Synonym für Wollen: Statt »ich will ...« sollten wir präziser formulieren »ich wähle ...«. Ich habe beim Coaching erlebt, wie Menschen sich durch diesen anderen sprachlichen Ausdruck selbst mehr als *Autoren*, als stärker »in ihrer Existenz zu Hause« erfahren. Diese Erkenntnis ist zentral und führt zur nächsten Frage, nämlich in welchem Bereich der Mensch tatsächlich selbstbestimmend auftreten kann. Bestimmend – im Unterschied zu mitgestaltend oder gar nur ausführend. Die Antwort erhalten wir, wenn wir auf den Dreiklang von Wahrnehmen, Deuten und Handeln hören. Diese drei bieten im Alltag nämlich die direkten Zugänge zur Ausübung unseres freien Willens.

Wahrnehmen

Wahrnehmung ist immer eine Auswahl. Neurologischen Forschungen zufolge treffen uns bis zu vier Millionen Reize pro Moment, so dass unser bewusstes Wahrnehmen vor allem in der Kunst des Weglassens und des Fokussierens besteht. Das, worauf wir den Fokus legen, ist eine Auswahl. Alles andere lassen wir weg. Das Ausgewählte erhält besonders viel Energie und wird dadurch stärker. Es bildet dann quasi automatisch unsere innere Realität ab, die unser Denken und Fühlen steuert.

Dabei sind wir uns dieses inneren Selektionsprozesses kaum bewusst. »Das, was wir wahrnehmen, nehmen wir für wahr. Es gibt kein Falschnehmen«, schreibt Heinz von Foerster und umschreibt damit unser Wahrnehmungsproblem: Es ist ein Mangel an Selbstwahrnehmung, es ist eine Betriebsblindheit gegenüber dem Mechanismus der Wahrnehmung. Täglich sind wir damit beschäftigt, eine Vielzahl von äußeren Eindrücken und Reizen zu verarbeiten, so dass die Bilder, die wir von uns, unserem Leben und unserer Umwelt machen, nicht einfach direkt von außen in den Kopf importiert werden, sondern eben verarbeitet, das heißt unbewusst gesteuert und geformt werden. Das Gehirn ist kein primitiver Kopierapparat, der nur unveränderbare Abziehbilder einer äußeren, »objektiven« Realität produziert und in denen wir uns bestenfalls als passive, von den Umständen herumgeschubste Figur wiederfinden. Viele Menschen sind weniger Opfer der Welt, die sie wahrnehmen, als vielmehr Opfer ihrer Wahrnehmung, wie sie die Welt sehen.

Wahrnehmung ist ein höchst individueller und konstruktiver, ja man könnte sagen kreativer Prozess. Die Wahrheit, die dabei entsteht, ist immer von uns erschaffen, immer exklusiv unsere und sie könnte immer auch anders aussehen. Denn die Logik unserer Welt ist die Logik der Beschreibung unserer Welt. Dies gilt für die Wahrnehmung und (Selbst-)Beschreibung in der Gegenwart wie in der Zukunft, ja selbst in Bezug auf die Vergangenheit. Wir wissen nicht, wie unsere Vergangenheit damals »wirklich« war; alles was wir wissen, ist, woran wir uns erinnern. Erinnern findet aber immer in der Gegenwart statt, jetzt und hier. Der Blick zurück ist von einer heutigen Perspektive geprägt. Damit gelangen wir bereits zur Deutung. Unsere Vergangenheit ist unsere Deutung der Vergangenheit und diese ist wiederum entscheidend für unseren heutigen Zustand. Marc Aurel schrieb dazu: »Das Vergangene ist das, was unsere Gedanken daraus machen.«

In Bezug auf die Zukunft wird der Gestaltungsspielraum noch größer. Nicht nur können wir hier wie bei der Vergangenheit in unserem Verhältnis zu Gegebenheiten unsere Freiheit ausüben, sondern es steht uns frei, diese so zu phantasieren, wie wir wollen, da die Zukunft noch gar nicht ist. Es gilt, sich in jeder Situation verschiedene Wahrnehmungsoptionen und Handlungsoptionen zu erschließen. Sollte also ein Klient eine zukünftige Lebenssituation so schildern, als gäbe es nur diese eine Wahrnehmungsoption, weiß ich als Coach sofort zwei Dinge. Erstens: Er ist im Stress, denn Adrenalin verengt die Wahrnehmung markant. Und zweitens: Im Coaching-Prozess werden wir so schnell wie möglich neue Wahlmöglichkeiten erarbeiten.

Deuten

Die Deutung ist der Brückenschlag zwischen dem äußeren Ereignis, das auf uns wirkt, und der inneren Befindlichkeit, dem Wahrnehmen, das die Ausgangslage für unser Handeln bildet. Die Lebensumstände mögen nur zu einem kleinen Teil in unserem Einflussbereich liegen. Ebenso sind die Fakten des Vergangenen, die uns betreffen, unabänderbar. Wie wir allerdings diese Fakten und auf uns wirkenden Reize deuten, ist uns völlig freigestellt. Das ist deshalb von zentraler Bedeutung, weil wir durch die Deutung, die wir diesen Ereignissen meist unbewusst zuordnen, ihre Be-Deutung bestimmen. Unsere Stimmung hängt also von der Be-Stimmung des Ereignisses ab!

Ob uns ein Ereignis traurig, böse, dankbar oder nachdenklich stimmt, hängt nur von der Bedeutung desselben ab. Und dies läuft in der Regel unbewusst ab. Wir sollten uns also einen bewussten Reflex antrainieren, der es uns erlaubt, unsere Wahlmöglichkeiten – und somit unsere Freiheit – zu erkennen und bewusst zu nutzen. Dank der Ausübung dieser Freiheit wächst in uns die Gewohnheit der Selbstbestimmung.

Auch wenn wir in unseren Lebensumständen gefangen sind, bleiben wir frei bezüglich ihrer Deutung. Dieser Interpretationsvorgang bestimmt alle für uns relevanten Konsequenzen, vom Fühlen über das Denken und Handeln bis zum daraus resultierenden Lebensentwurf.

Bei einer Coaching-Ausbildung in Kalifornien hörte ich die Schilderungen zweier älterer Herren, die als junge Männer in Vietnam in derselben Einheit Kriegsdienst geleistet hatten. Beide hatten das, was man »die grüne Hölle« nennt, durchgemacht. Auf die Frage des Coach hin, was sie aus den erlebten Schrecken des Krieges für sich für Schlüsse gezogen hatten, meinte der eine Mann, für ihn sei seither klar, dass man den Menschen nicht wirklich trauen kann. Egal, wie freundlich, schön, kultiviert, etc. die Menschen an der Oberfläche erscheinen, so führte er aus, wenn man sie in entsprechende Umstände versetzt und unter Druck setzt, können sie sich in Ungeheuer verwandeln. Für den anderen Mann hingegen war die übergeordnete Lehre aus diesen furchtbaren Erlebnissen, dass er fortan das Leben als ungeheuer wertvoll und schützenswert anschaut, weil eben nichts selbstverständlich sei. Es braucht nicht viel Phantasie, um sich vorzustellen, dass diese beiden Personen, die der identischen Situation ausgesetzt waren, durch die verschiedenen Deutungen, die sie in ihrem Inneren erschaffen haben, seither total verschiedene Lebensentwürfe gelebt haben.

Die Freiheit der Deutung kann eingeübt und erfahren werden. Auch das Aussprechen dieser Freiheit ist immer ein Deutungsvorgang: Schon mit der Betonung »Ich wähle …« deuten wir unseren Einfluss dank einer veränderten Formulierung anders. So sind es nicht die Umstände selbst, die gerade jetzt auf uns wirken und eine innere Reaktion bewirken, sondern es ist die Bedeutung, die wir Ereignissen und Fakten zuschreiben. Wir sind es, die den Ereignissen diese oder jene Bedeutung zuschreiben. Wir können nicht in die Vergangenheit zurückgehen, um die Fakten und Ereignisse zu ändern. Aber der Umgang mit den Erinnerungen liegt in unseren Händen: »Wir sehen etwas mit anderen Augen und es schmerzt nicht mehr.«

Ein (Um)Deutungsvorgang führt zu einer veränderten Wahrnehmung.

Denken ist ein Vorgang, der in mir stattfindet und in welchem ich Ereignissen Bedeutungen zuschreibe. Der Ort dieser Deutung ist der Vorstellungsraum, meine Phantasie. Sie bestimmt meine Stimmung. Wir Menschen sind phantasiegetriebene Wesen. Deshalb sind unsere Emotionen und unser Denken unserer Phantasie nachgelagert.

Handeln

Das dritte derjenigen Dinge, die wir selbst bestimmen, ist unser Handeln, das heißt den unmittelbar nächsten Schritt, den wir gehen. Zwar ist uns bewusst, dass wir hier mit der Macht des Unbewussten als des eigentlichen Akteurs unseres Lebens argumentieren könnten, um uns für unser Handeln zu entschuldigen oder die Verantwortung für unseren nächsten Schritt von uns zu weisen. Genau betrachtet wird dies jedoch zu einem schwierigen Unterfangen: Die Äußerung eines Rauchers beispielsweise, der glaubhaft versichert, »ich will eigentlich nicht rauchen«, ist, obgleich wir uns an solche und ähnliche Aussagen gewöhnt haben, nur auf der Basis eines äußerst abenteuerlichen Ich-Bildes haltbar. Man müsste dann zurückfragen: Welches Ich spricht denn jetzt gerade? Welches Ich raucht und welches Ich behauptet, nicht rauchen zu wollen? Erkennen und Wissen ohne daraus folgendes Handeln machen uns krank. Wenn wir etwas wissen und erkennen und nicht dementsprechend handeln, verlieren wir nicht nur die möglichen Vorteile, die aus diesen Handlungen, deren Konsequenzen und gegebenenfalls aus den neu entstandenen Gewohnheiten entstehen, sondern vor allem den Respekt vor uns selbst. Wir verlieren die Selbstachtung, weil unser Tun bzw. Nicht-Tun nicht im Einklang mit unserem Wissen und unseren Überzeugungen steht. Umgekehrt gilt: Unser Tun ist das »Benzin«, der Kraftstoff unseren Glaubens und Wissens. Tun wir nicht, was wir glauben, schwächt das uns bzw. unseren Glauben und letztlich »glauben wir uns selber nicht mehr«.

Wenn wir nämlich etwas erkannt haben und uns daraufhin etwas Bestimmtes vornehmen, enttäuschen wir uns selbst, wenn wir nicht zumindest einen konkreten Handlungsversuch unternehmen, uns in diese Richtung zu bewegen. Ohne Handeln glauben wir uns allmählich selbst nicht mehr und – wie bei jeder Person, die ihr Wort nicht hält – nimmt unser Respekt vor uns selbst ab. Oft wächst gleichzeitig die Neigung, sich für dieses Versagen sich selbst gegenüber zu entschuldigen, indem man alle möglichen Ausreden sucht und darauf verweist, dass Andere auch nicht besser sind und man schließlich nicht alles so ernst nehmen sollte.

Weil all das – vom Selbstwertverlust bis hin zum Verdrängen desselben und Überdecken mit Ausflüchten – auf einer unbewussten Ebene blitzschnell abläuft, kann jede Erinnerung an unsere Möglichkeiten und die Verantwortung zur Lebensgestaltung unangenehm wirken und uns zum Widerstand animieren. Es wäre viel einfacher, nichts zu wissen. In der Tat ist Ignoranz auch ein Zustand der Unschuld und Gefahrlosigkeit, weil wir keinen Handlungsbedarf, der enttäuscht werden könnte, daraus ableiten müssen. Erkenntnis hat also tatsächlich etwas mit Vertreibung aus dem Paradies zu tun, ganz unabhängig davon, wie wir uns diesen Vorgang vorstellen.

Auf Grund meiner Erfahrung als Coach habe ich eine »Hitliste« von immer wiederkehrenden Ausreden aufgestellt. Sie sind in unserem Kulturkreis allesamt akzeptiert und entheben uns in der Regel zuverlässig von äußerem Druck. Ich rufe sie mir und meinen Klienten darum gerne in Erinnerung, weil die Äußerung dieser Ausreden stets auf eine Entwicklungsmöglichkeit hinweist, die im Moment verschüttet ist.

Die »Top Ten der Ausreden«

- »Ich habe keine Zeit.«
  Genau betrachtet eine unsinnige Aussage! Wir alle haben natürlich Zeit, genau 24 Stunden pro Tag.
- »Ich weiß schon.«
  Höchst interessant, weil damit impliziert wird, dass allein das Wissen uns von der Pflicht, das Erkannte zu tun, vermeintlich enthebt. Psychologisch ist aber genau das Gegenteil der Fall. Diese Annahme verweist in der Entwicklungsgeschichte der sie verwendenden Menschen häufig auf deren Schulzeit, in der das Wissen allein bereits das (relevante, weil mit Autorität ausgestattete) Gegenüber befriedigte.
- »Das ist schwierig.«
  Der nächste Schritt ist in der Regel ganz einfach und liegt häufig auf der Hand.
- »Veränderungen brauchen Zeit.«
  Manchmal brauchen wir für Veränderungen nur extrem wenig Zeit. Beispiele: Schwangerwerden, Heiraten, Umziehen usw.
- »Das klingt (in der Theorie) gut, ich weiß nur nicht, wie realistisch es ist.«
  Meist eine Ausrede, die von selbsternannten Praktikern verwendet wird, denen ich entgegenhalte, dass die Unterscheidung zwischen Theorie und Praxis reichlich theoretisch konstruiert wird.
- »Darüber werde ich nachdenken.«
  Mit welchem konkreten Handlungsziel?
- »Das stimmt. Das muss ich in der Tat noch lernen.«
  Lernen kommt nicht vor dem Tun, sondern vom Tun.
- »Sie haben recht. Das mache ich falsch, da mache ich mir etwas vor.«

Schmeichelt dem Coach und insinuiert Reue – ein gutes Zeichen, falls es zu einer Umkehr führt, die sich in entsprechenden Handlungen ausdrückt. Ansonsten gehört dies zum Verhaltensmuster »Selbstanklage mit gleichzeitiger – sozialer – Entlastung« und ist trotz letztlich kontraproduktiver Konsequenzen in vielen Kreisen akzeptiert.

Viele Therapieformen, aber auch Alltagsratschläge laufen darauf hinaus, seine Gefühle frei zu äußern, egal ob das für das jeweilige Gegenüber und die Gesamtsituation von Nutzen ist oder nicht. Nach dem Sinn solcher Äußerungen gefragt, berufen wir uns in der Regel darauf, dass wir ja »nur ehrlich gewesen sind« (etwa wenn wir uns geärgert haben) und entziehen uns der Frage, inwiefern denn unser Handeln Mehrwert geschaffen hat. Dagegen gilt der Grundsatz: Heilung und Lösung, also Konstruktives geschieht nur im Hinblick, in der Hinwendung auf eine Lösung, auf einen Fortschritt. Dies impliziert Handeln, Risiko, also Lebendig-Sein. Zu einer Reflexion unseres Zustandes, die Veränderungen anstrebt, gehört also immer auch der (Versuch des) Vollzug(s).

Der Person, die sich geärgert hat, gönnen wir den Ausbruch von Wut. Das Entscheidende ist aber, was daraus an konkretem Tun erfolgt. Eine grundlegende Regel des Coaching besagt deshalb: Am Ende jeder Sitzung sollen Schritte zur Umsetzung stehen bzw. sollte jeder Einsicht eine entsprechende Handlung auf dem Fuß folgen, damit diese Einsicht den Moment nachhaltig überdauert. An Deinem Handeln erkennt man Dein Wollen, nicht an Deinem Reden!

In den Bereichen Wahrnehmen, Deuten und Handeln können wir also individuelle Freiheit erleben und üben. Das Resultat sind Handlungsoptionen, in denen wir uns selbst als den Entscheidenden und Gestaltenden erleben. Das Wiederholen gleicher Entscheidungs- und Handlungsmuster führt zu

Gewohnheiten, die eine ganz besondere, meist unreflektierte Macht ausüben.

Zusammenfassend und den Anfangsgedanken von der Würde des Menschen wieder aufnehmend wage ich es, den berühmten Grund-Satz von René Descartes durch eine psychologisch treffendere Formulierung zu ersetzen. An die Stelle seines »Cogito, ergo sum« (Ich denke, also bin ich) setze ich: »Volo, ergo sum« (Ich will, also bin ich).

Die Macht der Gewohnheiten

Der Mensch ist wie jede Spezies aus Gründen des Überlebens darauf programmiert, zu wiederholen, was sich bewährt hat. Wir wiederholen Verhaltensweisen, die uns zum Erfolg verholfen haben (was auch immer Erfolg für den Einzelnen bedeutet). Dadurch entstehen Muster, auf die ich als Coach besonders achte. Sie sind meist unabsichtlich der eigentliche, weil operativ wirksame Ausdruck dessen, wie ein Mensch denkt, zu Erfolg zu gelangen. Der Nachteil solcher Muster liegt auf der Hand: Aus dem besten Freund (aus guten Gewohnheiten) kann ein schlimmer Feind werden, wenn der Erfolg lernresistent macht. Obwohl jedes Verhaltensmuster zur Zeit seiner Entstehung eine Berechtigung hatte, kann es heute ein Hindernis für unser Weiterkommen darstellen. Statt uns die nächste Stufe unserer Entwicklung zu ermöglichen, verführt uns unsere Gewohnheit zur Wiederholung und führt so zu Stagnation und Langeweile.

Wie viele Paare empfinden ihre Partnerschaft als langweilig, weil sie selber nichts Neues machen und dies der Partnerschaft oder schlimmer noch, dem Partner vorwerfen? Bei der individuellen Lebensgestaltung kann das jedermann für sich selber testen: Ein Jahr, in dem Sie bewusst jedes Wochenende etwas anderes machen, wird aufregend sein, spannend, vielleicht sogar etwas anstrengend, im Gedächtnis wird es aber als langes und reiches Jahr gespeichert. Wenn Sie hingegen ein Jahr jedes Wochenende exakt gleich gestalten, dann werden Sie sich höchstens noch an Störungen ihres Ablaufes erinnern, vielleicht nicht einmal im positiven Sinne, und sich im Nachhinein fragen, wo denn dieses Jahr geblieben sei.

Dass die Macht von Gewohnheiten uns unheimlich erscheint, bringen viele bekannte Aphorismen zum Ausdruck, wie »Gewohnheiten sind zuerst Spinnweben, später Stahlbänder«. Wenngleich Gewohnheiten zu unserem ärgsten Feind zählen, können wir sie zu unserem besten Freund machen. Einerseits haben schon die Griechen das Prinzip der Familiarität und die daraus entspringende Lernresistenz erkannt und in dem bekannten Satz zum Ausdruck gebracht: »Wen die Götter vernichten wollen, dem schicken sie dreißig Jahre Erfolg.« Andererseits ist es aber gerade die Vielzahl guter Gewohnheiten, die uns das Überleben, also auch den Erfolg in der Zukunft, ermöglicht.

Der Charakter ihrer »unheimlichen« Macht rührt daher, dass Gewohnheiten unserem Bewusstsein per definitionem nicht auffallen, weil sie eben buchstäblich gewöhnlich sind und »heimlich« wirken. Andererseits bestimmen sie zu 99 Prozent unseren Lebensstil, der in seiner Summe wiederum unseren Lebensentwurf gestaltet. Der Lebensstil verweist auf das Lebensziel: »Sag mir wie Du lebst, und ich sage Dir, wohin Du gelangen wirst.« Genauso gilt umgekehrt: Lebensziel bestimmt Lebensstil.

Gewohnheiten bestimmen den größten Teil unseres Lebens. In Bezug auf Beziehungen bedeutet dies, dass die Summe der guten Gewohnheiten in einem Beziehungsleben die Summe der schlechten Gewohnheiten überragt. Ein physisch gesunder Mensch hat bezüglich Ernährung, Bewegung und Lebensstil mehr positive, gesundheitsfördernde Gewohnheiten als negative. Genauso verhält es sich in der Wirtschaft. Wir sprechen dann von einer »gesunden Unternehmenskultur«, wenn in einer Firma die positiven – also konstruktiven – Umgangsgewohnheiten die negativen überwiegen.

In diesem Zusammenhang überschätzen wir oft die Wichtigkeit von Ausnahmen: Einmal Sport zu treiben macht niemanden fit, so wie einmal »über die Stränge zu schlagen« niemanden »unfit« macht. Wir machen uns darüber Sorgen, wie viel wir zwischen Weihnachten und Neujahr essen werden (»das wird sicher streng …«), dabei ist doch klar, dass unsere Figur viel mehr von dem abhängt, wie viel wir zwischen Neujahr und Weihnachten essen! Wir werden im Alltag von Gewohnheiten beherrscht, die uns nicht immer bewusst sind. Davon gibt es nur ganz wenige Ausnahmen, wie zum Beispiel Heiraten, Vater oder Mutter werden usw.

Immer wieder erlebe ich in meiner Arbeit als Coach, wie die Menschen dazu neigen, einerseits die Bedeutung von einmaligen Ereignissen zu überschätzen und andererseits die Wirkung von Prozessen und Gewohnheiten zu unterschätzen. Zum Beispiel überschätzen Kunden das Veränderungspotential eines einmaligen Seminars und unterschätzen gleichzeitig, was das disziplinierte Anwenden von Verstandenem im Laufe von sechs Monaten verändert, weil so erst neue Gewohnheiten und erste Erfolge entstehen.

Wenden wir nun das, was über die Gewohnheiten gesagt wurde, auf den Dreiklang dessen an, was wir selbst bestimmen können, also auf das, was unsere Würde und unsere Gestaltungsmöglichkeiten im Leben ausmacht. Wir erkennen, dass unsere Wahrnehmungs-, Deutungs- und Handlungsgewohnheiten uns den Hebel bieten, den es anzusetzen gilt, wenn wir an unseren Gewohnheiten nachhaltig etwas verändern wollen. Genau dies beabsichtigt dieses Buch. Es geht darum, dass wir Freundschaften aufbauen und pflegen können, indem wir unsere Wahrnehmung (was wir sehen), unsere Deutung (was es für uns bedeutet) und unsere Handlung (unsere nächsten Schritte) im Lichte des zu Gestaltenden als völlig freien Handlungsspielraum nutzen. Dass wir unsere Identität als Freunde und unsere Beziehungen als Freundschaften erkennen und gestalten. Das gibt uns neue Möglichkeiten und öffnet die Tore zu einem anderen Lebensstil und zu einer anderen Gesellschaft.

Über Identität und Verhalten

Die Wendung »Werde der Du bist!« scheint auf den ersten Blick sprachlich unsinnig, weil offensichtlich zwei Zeitformen durcheinandergebracht werden. Das »werde« verweist auf die Zukunft, wogegen das »Du bist« in der Gegenwart stattfindet. In diesem Satz liegen jedoch Wahrheit und Tiefe. »Werde der Du bist« bezeichnet das Wesen der Transformation, in der wir unser wahres Selbst besser zum Tragen bringen. Diese Identität ist natürlich zu jedem Zeitpunkt als Potential schon in uns angelegt. Wie in der Freundschaft geht es auch im Coaching darum, einen Menschen dazu zu befähigen, derjenige zu werden, der er sein könnte, also zu sein, wie er wirklich ist.

Die Aufforderung »Werde der Du bist« führt automatisch zur Frage: »Wer bin ich denn jetzt?« Die Antwort lautet: Du bist jetzt all das, was Du bist und sein könntest, weil es in Dir angelegt ist. Deine Möglichkeiten wirst Du aber erst erleben, wenn Du beginnst, sie umzusetzen und auszudrücken. Dabei darfst Du Dich von Deinen Träumen und Sehnsüchten leiten lassen.

In der heutigen Arbeits- und Leistungsgesellschaft erhalten wir die Antwort auf die Frage nach unserer Identität meist über die Frage nach der Tätigkeit. »Was machen Sie denn beruflich?«, ist nach der Diskussion des Wetters die vermutlich meist gestellte Smalltalk-Frage. Aber sind wir wirklich, was wir tun? Oder sollten wir nicht eher durch unser Tun ausdrücken, wer wir sind? In der Einleitung zu diesem Kapitel habe ich festgestellt: Weil ich den Menschen in meiner Umgebung immer ein Freund sein wollte, bin ich Coach geworden. Nicht umgekehrt!

Norman Vincent Peale, Autor und Begründer des »Positiven Denkens«, hat als 80-Jähriger eine wunderbare Geschichte geschrieben, die ich wegen der praktischen und tiefen Weisheiten sehr gern erzähle. Peale wuchs zu Beginn des 20. Jahrhunderts in einer ländlichen Gegend in Ohio auf, wo sein Vater sowohl als Arzt wie auch als Geistlicher tätig war. Diese »Ämterkumulation« war zu dieser Zeit nicht so außergewöhnlich, wie sie uns heute anmutet.

Peale erinnert sich, wie er als Junge mit seiner Familie bei Tisch saß, als ein Bote eine Nachricht brachte. In der angrenzenden Stadt läge eine junge Prostituierte im Sterben und verlange nach dem Vater, vermutlich in seiner Eigenschaft als Pastor, nicht als Arzt. Wir können uns heute vermutlich nur sehr ungenügend ausmalen, wie schutzlos eine Dirne damals in diesen sozialen Umständen Geschlechtskrankheiten und Ähnlichem ausgesetzt war, zumal es auch keine Antibiotika gab.

Sofort stand der Vater auf und bedeutete seinem damals knapp acht Jahre alten Sohn, er solle sich auch anziehen. Wie nun der Vater mit seinem Sohn aus dem Hause gehen will, stellte sich Mutter Peale ihnen in den Weg, schaute dem Vater direkt in die Augen und fragte ihn: »Hältst Du das für eine gute Idee, mit Deinem Jungen an solch einen Ort zu gehen?«

Der Vater antwortete mit einer weisen Gegenfrage: »Welchen besseren Schutz könnte denn ein Junge an solch einem Ort haben, als mit seinem Vater dort zu sein?« (Pause) »Und: Welchen besseren Schutz könnte denn ein Vater an solch einem Ort haben, als dort mit seinem Jungen zu sein …?«

Die zweite großartige Lehre zog Peale aus den Geschehnissen, als er und sein Vater das Freudenhaus betraten. Wie nun der Vater in das Zimmer der sterbenden jungen Frau kam, hörte Norman das Mädchen sagen: »Father, I am a bad girl.« Vater Peale widersprach: »No. You are a good girl, living a bad life.« Diese Antwort offenbart die Weisheit, die Gabe der Unterscheidung, die durch tiefe Liebe entsteht.

Als Coach spreche ich mit allen meinen Klienten in der einen oder anderen Form über diese Zusammenhänge. Denn immer wieder erlebe ich, dass auch und gerade sehr erfolgreiche Menschen nur dann sich selbst und anderen ein Freund sein können, wenn ihr Verhalten ihren eigenen Vorstellungen entspricht und nicht vorrangig fremden Rollenerwartungen.

Um diejenigen zu werden, die wir sind, um also unsere Bestimmung zu erreichen, müssen wir sicherstellen, dass unsere Identität unser Verhalten bestimmt – und nicht umgekehrt. »Wenn ich glücklich bin, weil ich (ich) bin, Leistung erbringe, weil ich geliebt bin und mein Handeln aus meinem eigenen Sein heraus fließt, bin ich gesund.« Das ist eine meiner wichtigsten Botschaften als Coach. Mit ihr schaffe ich eine gesunde Motivation und die Freude an und die Fähigkeit zu kontinuierlicher Leistung. Das ist »gesund« im umfassenden Sinne.

Im umgekehrten Fall, dann, wenn unsere Identität durch unser Verhalten bestimmt wird, befinden wir uns in einem gefährlichen Zustand. Wir sind dann nämlich nur so lange glücklich, wie wir Leistung erbringen. Wir leisten, damit wir geliebt werden, und definieren uns letztlich einzig über das, was wir tun, haben oder erreicht haben. Diese Motivation ist äußerst ungesund. Sie führt zu Leistungszwang, Leistungssucht und letztlich zur spirituellen und körperlichen Auszehrung.

Wenn wir zulassen, dass unser Verhalten unsere Identität bestimmt, fixieren wir uns auf die Erfüllung von Normen und auf beobachtbare und vergleichbare Leistungen. Unser Verhalten wird dann bestimmt von der Sehnsucht nach Status und Besitz, immer im Vergleich zu Anderen. Wir werden so vielleicht Erfolg haben, aber werden wir Erfüllung finden?

Wenn es uns gelingt, dass unsere Identität unser Verhalten leitet und stärkt, orientieren wir uns an (unseren) Werten und an »heiligen« Bildern. Wir legen mehr Wert auf dauerhafte Beziehungen als auf schnelle Ergebnisse und begegnen dabei unseren Mitmenschen in Würde und mit Wertschätzung. Wir bejahen uns und unsere Umwelt und richten unser Verhalten an unserem Lebensauftrag aus. Tiefere Sinnsuche ist es, die uns leitet, nicht die gängige – zumeist materielle – Nutzenbetrachtung, wie es in der Psychologie des Homo Oeconomicus gelehrt wird.

Identität und Verhalten stehen also zu jedem Zeitpunkt in einer wechselseitigen Beziehung. Beide sind wichtig. Als Coach bin ich ein Fan von großen Leistungen und habe Freude an jeder Leistungssteigerung. Leistung ist an sich etwas sehr Gutes. Für das Lebensgefühl des Einzelnen ist aber entscheidend, wie diese Leistung, dieses Verhalten zu Stande kommt.

Deshalb ist die Frage nach der Antriebsfeder »hinter« der Leistung entscheidend. Laotse nennt das: »Der beste Weg zum Tun ist das Sein.« Wenn meine Identität mein Verhalten bestimmt und gleichzeitig von ihm bestimmt wird und wenn der eine Zusammenhang gesund ist, der andere ungesund oder gefährlich, dann stellen sich dem Einzelnen unweigerlich neue Fragen: Was bestimmt mich? In welche Richtung entwickle ich mich in meinem Lebensgefühl?

Aus dieser Darstellung lassen sich zentrale Punkte ableiten: Gesunde Erziehung heißt demnach, an die Identität des Kindes zu glauben und deshalb sein Verhalten im Sinne der Möglichkeiten, die in der Identität des zu Erziehenden stecken, zu bewerten und je nachdem zu loben und zu kritisieren.

Wir können anhand dieser Darstellung auch erkennen, was »toxische Religiosität« ist; sie funktioniert gemäß dem Motto: Solange wir uns »richtig« benehmen, werden wir von Gott geliebt. Gottes Liebe muss also verdient werden und ist deshalb widerrufbar. Doch das ist eben genau »toxische Religiosität«, nämlich dass wir denken, Gott oder seine Zuwendung zu uns seien von unseren Leistungen abhängig.

- Konflikte dürfen nur auf der Verhaltensebene ausgetragen werden.
- Gesellschaftliche Gewohnheiten (Anstandsregeln) sollen immer lebensbejahend und identitätsstärkend sein.
- Männer sollen Frauen besonders zuvorkommend behandeln, gerade weil sie Frauen sind, ohne vorgehende besondere Leistung und ohne Aussicht darauf.
- Mit Ausländern sollen wir besonders höflich und respektvoll umgehen, gerade weil sie Ausländer sind.
- Alte Menschen sollen wir besonders würdevoll behandeln, weil sie alt sind, mit Kindern sollen wir besonders liebevoll umgehen, weil sie Kinder sind.

Ein intensives Gespräch, das ich mit meiner Mutter als junger Mann geführt habe und mich schon damals berührt hat, ist mir bis heute in tiefer Erinnerung. Nicht nur, weil es eine bedeutungsvolle Begegnung zwischen Mutter und Sohn war, sondern weil ich heute feststelle, wie mich das Denken meiner Mutter nachhaltig, bis in meinen Alltag und in meine Überzeugungen geprägt hat.

Meine Eltern machten sich zu dieser Zeit zu Recht einige

Sorgen um mich, denn ich arbeitete mitunter in Nachtlokalen als Türsteher. Heute bin ich der Überzeugung, dass ich zwar an einer Hochschule Psychologie studierte und mir dort ein Diplom erwarb, dass aber das »Erlernen« der Psychologie in meinem Fall im Nachtleben stattfand. Ich lernte mich und andere Menschen viel roher, »ungeschminkter« und direkter, ich lernte die Menschen ganzheitlich kennen.

In einem ruhigen Setting und unter vier Augen teilte mir meine Mama mit, dass sie mir als junger Erwachsener vertraue, dass ich wisse, was recht und unrecht ist, und dass ich das Leben meistern würde. Sie schaute mich ruhig und gefasst an und sprach warm, aber bestimmt und schnörkellos. Sie sagte: »Solltest Du mit dem Gesetz in Konflikt geraten, so dass Du zum Beispiel ins Gefängnis müsstest, so werde ich Dich immer besuchen kommen. Und sollte ich Dich dann schon von weitem hinter einem Panzerglas (das war die Vorstellung meiner Mutter) sehen, wird mein Herz immer lachen, weil Du mein Sohn bist, weil ich auf Dich stolz bin und Dich sehr liebe. Aber ich werde niemals, ausdrücklich niemals, auch nur einen Franken ausgeben, um Dich aus dem Gefängnis zu holen. Du, lieber Philipp, wirst die Früchte Deiner Taten ernten. So habe ich Dich erzogen.«

Fast 15 Jahre später entwickelte ich das Konzept von Identität und Verhalten, das trotz seiner Einfachheit sehr vieles einleuchtend zur Darstellung bringt. Man sieht zum Beispiel, was gute Erziehung ist, *Positive Leadership* und gesunde Religion bzw. toxische Religion, leistungshemmende *Leadership* oder belastende Erziehung. Damit hatte ich eine konzeptionelle Form gefunden, um dem Ausdruck zu verleihen, was meine Mama – ich möchte sagen *in extremis* – als die Erziehende gegenüber uns Kindern umgesetzt hatte. Die Trennung zwischen Identität und Verhalten. Mein Wesen würde immer in ihren Augen liebenswert bleiben. Mein Verhalten wäre dann nicht der Ausdruck meines Wesens, sondern ein Fehl-Verhalten, für das ich geradezustehen hätte. Mein Verhalten wäre verurteilungswürdig, nicht aber meine Person. So bleibt auch in dunklen Stunden Hoffnung, der Neubeginn, das echte Lernen möglich.

Immer wenn wir identitätsbezogen Positives weitergeben, schaffen wir gleichsam *Big Points* der Beziehungspflege. Als Empfangende erkennen wir: Hier sind wir gemeint. Wir werden bestärkt, unabhängig von unseren Leistungen, sondern auf Grund unserer Identität, unseres Wesens. Wenn wir uns umgekehrt durch unser Verhalten, durch unsere Leistung Wohlwollen »verdienen« wollen, wird selbst im Erfolgsfall die Bewunderung nur so lange Bestand haben, wie wir unsere Leistung erbringen. Dabei wissen wir aber genau, dass Leistung volatil, also unzuverlässig ist. Entsprechend wird unser identitätsbezogenes Selbstbild so lange instabil sein, als es auf unserer Leistung bzw. auf der Reaktion unseres Umfeldes basiert.

Als Coach arbeite ich vor allem mit Führungskräften zusammen. Zu deren Arbeit gehört es, Leistungen zu bewerten. Positiv und negativ. Dabei ist von ausschlaggebender Wichtigkeit, dass negative Kritik an der Leistung von den Betroffenen nicht identitätsbezogen interpretiert, also als Abwertung ihrer Person verstanden wird. Weil aber in unserer leistungsorientierten Welt die Menschen häufig ihre Identität durch ihre Leistung definieren, schrecken viele Führungskräfte davor zurück, negative Feedbacks zu geben. Sie müssen damit rechnen – oder halten es sogar für normal –, dass sich der Kritisierte durch Kritik angegriffen fühlt und die Beziehung mit ihm belastet werden könnte. Das Resultat ist zum einen häufig eine konfliktscheue Unternehmenskultur, die wenig erfreuliche Ergebnisse produziert. Weil nämlich Konflikte ein wesentlicher Motor für Fortschritte sind. Oft geschehen keine Fortschritte, weil Konflikte nicht ausgetragen werden.

Zum anderen wird das Grundproblem vieler Menschen nicht angepackt, nämlich ihre »wackelige« Identität. Es geht darum, eine starke, positive, tragende, auf Urvertrauen basierende Identität zu fördern. Ist diese gegeben, können wir getrost Differenzen austragen, auch heftig, ohne Angst, dabei Schaden zu nehmen. Wir können auch Differenzen stehen lassen, sogar würdigen. Genau das gehört auch zur Freundschaft.

Häufig wird Freundschaft falsch verstanden als Realisierung einer tiefen Sehnsucht nach Verschmelzung und Harmonie. Dabei gehört gerade das Würdigen von Differenzen zu einer gefestigten Identität: Ich darf anders sein. Du darfst anders sein. Wir dürfen anders sein. Je besser wir in unserer positiven Identität gegründet sind, desto offener sind wir für das Positive in der Identität des Anderen, desto offener sind wir für das positiv Andere des Gegenübers.

Dies drückt sich beispielsweise in einer gesunden, fortschrittsfördernden Konfliktfreudigkeit aus. Eine gesunde Konfliktkultur macht immer diese Unterscheidung: Wir würdigen uneingeschränkt die Identität des Anderen. Angriffe darauf sind tabu. Niemals dürfen wir zum Beispiel einen Mann wegen seines Mann-Seins angreifen oder eine Ausländerin, weil sie Ausländerin ist usw. In einer identitätsstiftenden, wertschätzenden Beziehung ist es unproblematischer, das Verhalten des Anderen zu kritisieren und Konflikte auszutragen. Kritik und Konflikte sind konstruktiv, solange wir gewiss sind, dass Identitäten »heilig« sind, also nicht verglichen und bewertet werden. Es ist eben etwas grundsätzlich Anderes, ob wir sagen: »Ich habe etwas Dummes gemacht.« oder: »Ich bin dumm.« Im ersten Fall gibt es Hoffnung (nämlich darauf, durch Einsicht zu lernen), im zweiten nicht – Identität bleibt.

Das heißt: Jeder Satz, der mit »Ich bin ...«, bzw. »Du bist ...« beginnt, ist eine kapitale Identitätsaussage. Ihr Inhalt muss positiv sein, sonst verschließen wir die Tür zu einer positiven Zukunft und es entstehen negative Konsequenzen, die oft genau dem Inhalt der negativen Identitätsaussage entsprechen. Wir sprechen dann von selbsterfüllenden Prophezeiungen.

Vergleiche gehören in den Bereich der Leistung, des Verhaltens. Identitäten sind immer absolut einzigartig und haben uneingeschränkten Anspruch auf Würdigung. Der Umgang mit der Identität eines Menschen gleicht dem Umgang mit etwas Heiligem: Es wird gesondert behandelt, mit Ehrfurcht und Vorsicht angegangen. Dieses Heilige tragen wir in uns.

Wir können also relativ einfach definieren, was Identität ist und worauf Beziehung-Stiftendes zielen soll: Auf alles, was wir nicht leisten können. Also zum Beispiel Alter, Geschlecht, Herkunft oder Rasse.

Identität meint unser Potential, alle unsere Möglichkeiten, die in der Zukunft sichtbar werden können. Freundschaft bezieht sich auf die Identität und fördert damit indirekt, in einem zweiten Schritt, dafür aber nachhaltig gutes Verhalten. »Gut« definieren wir als dem positiven Potential der Identität entsprechend. Unser Potential, das alle unsere Möglichkeiten beinhaltet, gehört demnach ebenso zu unserer Identität wie der Einsatz unserer Möglichkeiten, um unseren Lebensauftrag, unsere Mission zu entdecken und zu leben. Auf diesem Weg kann uns nichts so kraftvoll motivieren wie das Bewusstsein unserer Identität. Nichts kann uns so nachhaltig bestimmen wie die Kraft, der eigenen Identität treu zu sein. Deshalb ist es von lebensentscheidender Bedeutung, welche Identität wir für uns annehmen.

Erfolg ist Erfüllung

Jeder Mensch will Erfolg. Das ist eine Binsenweisheit, die ich mir selbst und meinen Klienten immer wieder vor Augen führen muss. Hinter jeder Tat, mag sie auch noch so sinnwidrig erscheinen, steckt letztlich eine – vielleicht unbewusste – positive Absicht, weil wir uns auf irgendeine Art und Weise Erfolg davon versprechen. Kein Mensch steht am Morgen mit den Worten auf: »Heute will ich besonders erfolglos sein!« Niemand, der zur Arbeit geht, hat sich vorgenommen, erfolglos zu arbeiten. Die psychologisch relevante Frage lautet also: Was ist Erfolg?

Generell wird Erfolg als Grad der Zielerreichung definiert. Je mehr und je höhere Ziele ein Mensch erreicht, für desto erfolgreicher wird er gehalten. Allgemein wird angenommen, dass der Grad an Zielerreichung in einem mehr oder weniger linearen Zusammenhang mit innerer Erfüllung steht. In unserem Kulturkreis investieren wir enorm viel Energie, zum Erreichen hoher Ziele zu gelangen, weil wir uns davon versprechen, dass damit der Grad unserer Erfüllung zunimmt. Wer mittels Talent und Begabung, guter Ausbildung und entsprechender Fähigkeiten sowie der nötigen Ausdauer Erfolge erzielt, wird in gleichem Maß Erfüllung finden. Als Gegenteil von Erfolg gilt das Verfehlen von Zielen, was als Scheitern betrachtet wird. Dieses Scheitern wird gleichgesetzt mit Sinnleere. Eine gescheiterte Existenz ist sinnlos. Aber ist dieser Zusammenhang so simpel?

Zielerreichung ist wichtig, das steht außer Frage. Ein Großteil unserer Arbeit bei Manres besteht darin, die Begabungen und Fähigkeiten von Menschen wissenschaftlich präzise zu analysieren und darzustellen, damit sie ihr Potential voll ausschöpfen können. Es gibt aber noch eine ganz andere Möglichkeit, Erfolg zu definieren: Erfolg ist der Grad der Erfüllung, nicht ihre Voraussetzung! Mit anderen Worten: Erfüllung ist unabhängig von Erfolg in der klassischen Definition von Zielerreichung.

Wie lässt sich das auf unsere Alltagserfahrungen beziehen? Wir wenden enorm viel Energie auf für messbare Ziele wie Geld, Anerkennung, Titel, Auszeichnungen, Diplome usw. Dagegen ist prinzipiell nichts einzuwenden. Geld allein macht nicht unglücklich. Dafür muss man sich schon etwas mehr Mühe geben. Gemäß dieser leistungsorientierten Erfolgslogik dürfte niemand erfolgreich sein, sich aber unerfüllt fühlen. Doch die Geschichte ist voll von erfolgreichen, aber letztlich unglücklichen Menschen, man denke etwa an Elvis Presley oder Marilyn Monroe.

Szenenwechsel. In einer Schlüsselszene des 3. Aktes von »Lady Windermeres Fächer« lässt Oscar Wilde Mr. Dumby im Gespräch mit Lord Darlington sagen: »Es gibt auf dieser Welt nur zwei Tragödien: Die eine ist, nicht zu bekommen, was man sich wünscht, die andere, es zu bekommen.« Und er ergänzt: »Die letzte ist bei weitem die schlimmere, die letzte ist eine wahre Tragödie.« Wenn wir meinen, dass Geld, Anerkennung, Diplome, Positionen, also alles, was diese Welt an Meriten zu bieten hat, uns das verschaffen wird, was wir im tiefsten Inneren wirklich wollen, nämlich Erfüllung, dann kann ich uns nur wünschen, dass wir unsere gesteckten Ziele niemals erreichen werden. Niemand sagt, dass jeder Mensch nach dem Erreichen seiner Ziele in eine Sinnkrise fällt, aber wir wissen, dass es einen Abfall an Spannung und dadurch eine (größere oder kleinere) Krise gibt. So stellt beispielsweise beim Bergsteigen die Zeit nach einer schwierigen Passage oder unmittelbar nach Erreichen des Gipfels für die Konzentration und damit für die Sicherheit eine große Gefährdung dar. In unserer Kultur ist aber ein weit verbreiteter Glaube wirksam, der uns Erfüllung im Falle von Zielerreichungen verspricht.

Als der Vater meiner Mutter starb, war ich 13 Jahre alt. Obwohl ich an ihm gehangen hatte, war ich nicht sehr erpicht auf die Beerdigung. In dem Alter hatte ich anderes vor, als stundenlang in einem kargen Gebäude mit vielen anderen Leuten gesittet still zu sitzen und Dingen zu lauschen, die mir eher schwer zugänglich waren. Als ich mich darum drücken wollte, bat meine Mama mich, dabei zu sein. Ich versuchte es noch mit der Ausrede, dass es für Grandpapa, so er denn vom Jenseits her zu uns herüberblicken könne, wohl kaum einen Unterschied mache, ob ich jetzt dort in der Kirche mit den anderen trauere oder zu Hause an ihn denken würde. Schließlich verstand ich aber, dass es meiner Mutter wichtig war und willigte ein zu kommen.

Aus Sicht des damals 13-jährigen Knaben versprachen die Kriegsgeschichten meines Großvaters, die ein alter Mann erzählte, ein richtiges Highlight zu werden. Der alte Mann fing also an zu erzählen. »Ich will Euch erzählen, wer Jean Durand wirklich war.« Als Vorgesetzter eines Gebirgszuges hatte er mit ca. 30 Soldaten im Hochgebirge die Grenze nach Süden, nach Italien, zu sichern. Die Geschichte begann in einer Alphütte, von der aus des Abends der Zug Richtung Bergspitze und Bergkamm sich in Bewegung setzte. Nach einem langen beschwerlichen Aufstieg teilte mein Großvater die Männer in Zweier-Teams ein, um das Grenzgebiet zu kontrollieren und anschließend in der Nacht auf den Skiern wieder hinunter zur Hütte zu fahren. Der Erzähler war damals der Partner meines Großvaters und beide bewältigten den längsten und beschwerlichsten Weg. Die Abfahrt war mit vielen Gefahren bespickt: im Dunkeln, mit der Ausrüstung der 40er Jahre, das Kontrollgebiet abzuschreiten und dann nach der Abfahrt die Hütte zu finden, waren keine Kleinigkeit. Überall lauerten Gefahren, potentiell menschliche, vor allem aber natürliche.

Als nun mein Großvater und sein Partner als Erste in der

Hütte ankamen, waren sie erstaunt und beunruhigt. Sie hatten erwartet, da sie den längsten Weg hatten, dass sie als Letzte ankommen würden. Dann erzählte der Mann: »Es war tief in der Nacht und es würde noch einige Stunden dauern bis die Sonne aufgeht. Jean Durand konnte nicht schlafen, er lief im Kreis umher und betete mehrere Stunden lang, bis der letzte Mann gesund in der Hütte angekommen war. Das …«, schloss der alte Mann, »…ist die Geschichte, die das Wesen von Jean Durand zeigt.«

Vielleicht können Sie sich vorstellen, dass ich als pubertierender Junge nicht sehr beeindruckt war. Heute berührt mich die Geschichte. Ja, ich kann sagen, je älter ich werde, desto mehr, und ich wäre sehr froh darüber, wenn am Ende meines Lebens Ähnliches über mich gesagt werden würde.

Wie können wir erkennen, dass wir uns in diese Sackgasse bewegen? Alle Glücksvorstellungen nach dem »Wenn-Dann-Prinzip« sind Mogelpackungen. »Wenn ich das Diplom habe, dann werde ich glücklich sein.« »Wenn ich den richtigen Partner gefunden haben werde, dann werde ich glücklich sein.« »Wenn wir viel Geld besitzen werden, dann werden wir glücklich sein.«

Wie aber gelingt dann Erfüllung? Und können wir uns jemanden vorstellen, der Erfüllung findet trotz seines Scheiterns, oder besser durch das Scheitern hindurch? Können wir uns einen solchen Menschen als Sieger vorstellen und würden wir ihn gar zum Vorbild nehmen wollen? Nehmen wir als Beispiel Jesus.

Was ist es, das Jesus die Möglichkeit gibt, trotz seines Scheiterns, trotz dem Verrat durch seine besten Freunde, zu Unrecht verurteilt, verlassen, hingerichtet, zu sagen: »Es ist vollbracht«? Es ist der Zustand der Erfüllung. Wie ist das möglich? Was bringt Menschen zur Erfüllung und zwar unabhängig vom klassischen Schema von Erfolg oder Scheitern und unabhängig von der Meinung Anderer? Das Geheimnis liegt darin, dass wir einen Sinn sehen in dem, wer wir sind, und daraus ableiten, was wir tun und dass wir uns diesem Sinnhaften, beziehungsweise den daraus abgeleiteten Zwecken ganz hingeben können. Aus dieser Hingabe erwächst das Geben. Und Geben macht uns reich. Hier erkennen wir unseren Lebensauftrag und erleben, wozu wir im Stande sind. Und mit der Zeit werden wir zu dem Menschen, der wir sind und mit dem wir gerne zusammen sind. Das Leben kann uns so viel Gutes bescheren. Aber wer sich selbst nicht mag, kann kein erfülltes Leben führen. Ein Freund hält uns das (heilige) Bild des Angenommen-, ja des Angekommenseins in dem, wer wir unserem Wesen nach sind, entgegen. Das Erleben dieser Form von Freundschaft ist erfüllend. Der Prozess dieses Wachstums jenseits von Zielerreichungen und Momenten des Scheiterns wirkt charakterbildend. Auf diese Weise entwickeln wir einen Charakter, vor dem wir selber Respekt haben und wir können uns positiv sehen. Ich werde zu dem, der ich bin.

Erfüllung ist unabhängig davon, welche Ziele wir erreichen. Es gilt: Im Streben nach Zielerreichung empfinden wir dieses bereits als erfüllend. Ich erlebe Erfüllung, wenn ich etwas tue, ohne durch einen bestimmten Zweck motiviert zu sein oder nach einem Vorteil zu streben, sondern indem ich im Tun selbst aufgehe. Ich gebe zum Beispiel, weil mich der Akt des Gebens im Moment des Gebens selbst glücklich macht.

Ein Großvater erklärt seiner Enkelin den Sinn des Lebens. »Du hast – wie jeder Mensch – zwei Wölfe in Deinem Kopf. Einen Guten und einen Bösen,« beginnt der Großvater. »Der Gute sagt, dass Du wunderbar bist, einzigartig, schön, ein Segen für Dein Umfeld und für diese Welt, dass Gott Dich liebt und Du hier bist, um Gutes zu tun, Liebe zu leben und tiefe Freude zu empfinden. Der Böse hingegen meint, es brauche

Dich nicht, Du seist ersetzbar, den Menschen sei nicht zu vertrauen, das Leben sei kurz, hart und ungerecht, den meisten Menschen seist Du gleichgültig oder sie seien Dir gar feindlich gesinnt und Du müsstest ihnen beweisen, dass Du etwas Besonderes seist; aber selbst dann gäbe Dir das keine feste Basis.« – »Aber die zwei müssen ja dauernd miteinander streiten«, stellt das Mädchen fest. »In der Tat«, bestätigt der Großvater.

»Aber wer gewinnt denn diese Streitereien?«, fragt das Mädchen hartnäckig weiter. »Das ist ganz einfach, liebes Mädchen, der Stärkere«, beschwichtigt der Großvater mit ruhiger Stimme. »Wer ist denn der Stärkere?«, will das Mädchen jetzt wissen. »Auch das ist ganz einfach«, lächelt der Großvater, »derjenige, dem Du mehr Futter gibst.«

Erfüllung ist immer »hier und ewig«, niemals »wenndann«. Streng genommen gibt es für den Lebenstüchtigen keine Zeit zwischen zwei wichtigen Ereignissen, überhaupt kein »Dazwischen«, sondern alles ist bedeutungsvoll, bis hin zum ganz Alltäglichen: Wie ich aufstehe, frühstücke, Leute begrüße, spreche, zuhöre, usw. Noch radikaler: Wie ich atme, wie ich Menschen ansehe, was ich denke, phantasiere – dies alles ist eingebunden in den Ausdruck meiner Person und mein Wirken in einem größeren Ganzen. Sinnvolles Leben heißt: Was ich tue, tue ich um des Tuns selbst willen.

Du bist Deine Zukunft!

Albert Einstein soll einmal geklagt haben: »Die Unklarheit der Ziele ist ein Kennzeichen unserer Zeit!« Denn das Lebensziel bestimmt den Lebensstil. Dieser in der Individualpsychologie Alfred Adlers entwickelte Denkansatz gilt sowohl im Privaten wie im Beruf. Nur sind uns eben viele unserer Ziele nicht bewusst, mit anderen Worten nicht reflektiert.

In unserer Vergangenheit sind ungeschriebene Gesetze begründet. Erlebtes, Einflüsse und Prägungen aus Familie, Schule und Umfeld bilden den unbewussten Rahmen für Motivationen, Haltungen und Werte. Entscheidend sind aber nicht diese Fakten, sondern die Auseinandersetzung mit ihnen und die Be-Deutung, die wir ihnen geben.

Als Junge haben die Geschichten von Winnetou großen Eindruck auf mich gemacht. Seine Freundschaft zu Old Shatterhand ist mir heute noch ein großes Vorbild.

Als die beiden zum ersten Mal gemeinsam an einem Sonntag in eine Stadt reiten, hört Winnetou in weiter Entfernung zum ersten Mal Kirchenglocken. Er hält an und fragt Old Shatterhand, was dies für ein Ton sei. Wahrheitsgetreu erklärt ihm Shatterhand, dass die Christen zum Gottesdienst rufen. Winnetou schaut verklärt in die Richtung, wo der Klang herkommt und sagt: »Winnetou versteht den Klang der Glocken. Sie sagen: ›Liebe das Gute, hasse das Böse.‹«

Alle meine Kinder haben diese Geschichte von mir dutzende Male gehört. Ich erzähle sie, damit sie bis in ihr Unbewusstes hinein lernen, das Gute zu lieben und das Böse zu hassen. Hass hat seinen Platz, nicht auf Menschen bezogen, sondern einzig und alleine auf das Böse (nicht die Bösen!), aber als Kompass ist es der Weg zu einem erfüllten Leben. Umgekehrt könnte man ohne Weiteres sagen, dass Not und Verzweiflung dadurch entstehen, dass man Böses liebt und Gutes hasst. Als Vater verbinde ich damit die Hoffnung, dass meine Kinder auch später, wenn ich einmal nicht mehr sein werde, durch jede Kirchenglocke an diese tiefe Weisheit erinnert werden.

In der Psychologie existiert das Bild, ein Mensch sei wie ein Eisberg. Vielleicht ein Zehntel des Eisbergs ragt über die Wasseroberfläche. Der größte Teil aber liegt unter Wasser, das Entscheidende sehen wir nicht. Psychologen nennen das Wahrnehmbare des Inneren eines Menschen »Bewusstsein« und stellen es dem »Unbewussten« gegenüber, das unsichtbar und nicht direkt beobachtbar ist. Es ist entscheidend zu wissen, dass beide Bewusstseinsebenen unterschiedlich arbeiten. Das Bewusstsein ist geordnet, es herrschen Struktur und Logik. Ich vergleiche es gerne mit einer Bibliothek, systematisiert nach bestimmten Ordnungen. Das Unbewusste dagegen arbeitet wie ein aktiver Vulkan. In ihm herrschen unvorstellbare Kräfte: Gefühle und Triebe, Sehnsüchte, Bilder und Ängste. Es kann sich gewaltiger Druck aufbauen, bis es zu einem Ausbruch kommt. Sigmund Freud verglich Bewusstsein und Unbewusstes einmal mit dem Zusammenwirken von Pferd und Reiter. Das Bewusstsein funktioniert wie der Reiter auf dem Pferd. Er kann das Pferd lenken und führen. Um erfolgreich zu sein, muss der Reiter mit dem Pferd »pferdegerecht« umgehen. Dies kann auf zwei Arten nicht gelingen. Erstens: Der Reiter lässt dem Pferd zu viele Freiheiten, so dass letztlich das Pferd mit dem Reiter macht, was es will.

Übertragen auf die Situation des Menschen heißt das: Ich lasse mich nur von meinen Gefühlen leiten. Oder zweitens: Der Reiter ist zu streng, führt die Zügel zu straff, bezwingt sein Pferd andauernd, was die Gefahr mit sich bringt, dass dieses plötzlich einmal durchgeht und der Reiter stürzt. Für uns bedeutet der zweite, strenge Reiter eine allzu rigide Kontrolle der Gefühlswelt durch das Bewusstsein, eine innere Verarmung und möglicherweise Selbstgefährdung.

Der obere Teil des Eisberges ist weniger interessant. Um einen Menschen zu verstehen, muss ich als Psychologe und Coach erfahren, was tiefer verborgen liegt. Das geschieht mit Hilfe der Zeitachse. Jeder Mensch hat eine Vergangenheit und gewisse Zukunftsvorstellungen. Deshalb lauten meine ersten Fragen: »Woher kommen Sie? Woran erinnern Sie sich aus Ihrer Vergangenheit?« Denn Sie wurden geprägt. Sie sind das Ergebnis Ihrer Vergangenheit. »Was haben Sie zu berichten? Sie haben in Ihrer persönlichen Vergangenheit Gutes und Schlechtes erlebt, wie gehen Sie mit beidem um?« Dabei interessiert mich nur zum kleineren Teil, was die Menschen mir berichten. Viel wichtiger ist, wie sie das tun, weil es mir einen Hinweis darauf liefert, welches Verhältnis, welche Einstellung sie zu ihrer Vergangenheit haben bzw. auf welche Weise die Auseinandersetzung mit dem Vergangenen stattfindet. Das wiederum führt mich zu unserem Dreiklang der Freiheit zurück, zum Wahrnehmen, Deuten und Handeln: Nicht das Auge oder das Ohr, sondern das deutende Gedächtnis ist das einflussreichste Wahrnehmungsorgan.

In der Folge richte ich meinen Blick auf die Möglichkeiten der Zukunft. Die Zukunft ist etwas enorm Spannendes und beeinflusst uns bereits heute, obwohl sie noch gar nicht da ist. Denn wie wir uns unsere Zukunft vorstellen, bestimmt unser Leben hier und heute. Unser heutiger Lebensstil verweist auf unser Lebensziel. Das wirkliche Lebensziel finden wir, wenn wir unseren Lebensstil hinterfragen: »Womit fülle ich meine Zeit?« Entscheidend dabei sind niemals die Dinge, die wir gerne tun möchten, sondern nur die, die wir tatsächlich tun. Es gibt nur ein Wollen. Jedes Nicht-Wollen ist im Grunde auch eine Entscheidung, ob diese nun bewusst gefällt wird oder nicht.

Dabei fällt auf, dass nicht wenige Menschen lieber ihr gewohntes Unglück behalten als sich auf den Weg zum (noch) unbekannten Glück zu machen und dabei mitunter sogar ihre Werte verletzen, um ihre Bedürfnisse zu bedienen, trotz oder vielleicht sogar gerade wegen der bereits vorhandenen Einsicht bezüglich des aktuellen Lebensstils und des Handlungsbedarfs. Aber sich auf die Suche nach dem unbekannten Glück zu begeben bedeutet, die Komfortzone zu verlassen. Nur so ist Fortschritt möglich. Der Satz »Ich bin meine Zukunft« trifft schon deswegen zu, weil unsere Zukunftsvorstellung uns nachhaltig beeinflusst – und zwar der bewusste Teil wie auch in großem Maß der nicht bewusste Teil. Darüber hinaus trifft dieser Satz zu, weil ich ja heute, jetzt, meine Zukunft phantasiere. Meine Zukunft ist also bei Lichte betrachtet eine Phantasie in der Gegenwart. Gerade weil er wahr und ungewohnt ist, entfaltet dieser Satz große Kraft, wenn ich ihn mir laut vorsage, gegebenenfalls mehrfach.

Im Kontext der Unternehmensführung sind sich die wenigsten Führungskräfte bewusst, wie sehr sie für ihre Mitarbeitenden die Zukunft der Firma verkörpern. Deshalb ist das buchstäbliche Durchkonjugieren dieser Sätze sehr kraftvoll. Ich empfehle, es zur Gestaltung meiner Einstellung Anderen gegenüber auch in der zweiten Person anzuwenden. Ebenso im Plural, wenn es sich um ein Team oder um mehrere Menschen handelt. Die dritte Person eignet sich dann, wenn man über Dritte spricht. Es lohnt sich, diese Sätze laut zu sprechen.

Ich bin meine Zukunft.
Du bist deine Zukunft.
Er/sie ist seine/ihre Zukunft.
Wir sind unsere Zukunft.
Ihr seid eure Zukunft.
Sie sind ihre Zukunft.

Nur schon die Betrachtung der Konjugation und erst recht das bewusste, laute Aussprechen derselben wirken stärkend und erweitern das Bewusstsein. Gerne spreche ich in diesem Zusammenhang über das schöne Thema des Verliebtseins. Beim Verliebtsein erleben wir, wie das Phantasieren einer positiven Zukunft in der Gegenwart ein wunderbares Gefühl der umfassenden Sinnerfüllung entstehen lässt und wie die gesamte Welt um uns herum plötzlich darin aufgehoben ist, sogar das Schmerzhafte, Ungewisse, Beängstigende und Vergangene. Ich spreche hier deshalb von Sinnerfüllung: Alles macht Sinn, auch das Schwierige, das scheinbar Unveränderbare.

Drehen wir nun die Logik um und nehmen wir für einen Moment an, dass alles menschliche Tun von Sinn erfüllt ist. Daraus folgt, dass Verliebtsein tatsächlich der einzige vernünftige Zustand des Menschen ist. Demzufolge sollte eine Führungskraft in die Zukunft ihrer Unternehmung »verliebt« sein. Umgangssprachlich bedienen wir uns keiner solchen Formulierung, dabei könnten wir sie uns durchaus aneignen. Denn selbstverständlich sollten wir in unsere Arbeit verliebt sein. Ebenso wie in unser privates Leben. Genauso in Gott und in unsere Nächsten. Nur so werden wir von der Sinnhaftigkeit jedes Momentes ausgehend unsere Wahrnehmung auf das Lebensbejahende ausrichten, unsere Deutungen konstruktiv und aufbauend gestalten und nächste zweckmäßige und sinnstiftende Handlungsschritte vornehmen.

Die Identifikation mit unserer positiven Zukunft ist der Weg zum Verliebtsein. Ist diese Identifikation auf allen Ebenen vollzogen, so dass ein begeisterndes Gefühl mit vielen guten Ideen entstanden ist, leiten wir daraus unser sinnvolles Handeln in der Gegenwart ab. Das ist der Weg der Freundschaft.

Würde

Im Coaching weise ich darauf hin, dass wir nie den Ort einer Einsicht verlassen sollten, ohne uns auf eine entsprechende Handlung, die auf dieser Einsicht aufbaut, zu verpflichten. Wir sprechen im Coaching von der »72-Stunden-Regel«.

Wenn die Handlung nicht innerhalb von 72 Stunden realisiert wird, ist die gewünschte und geplante Transformation gefährdet und wir fallen wieder in die alten (Denk)Muster zurück. Erst das »Commitment zur Handlung« ermöglicht die Emanzipation von der Trägheit der bisherigen Gewohnheiten. Nun wird der Mensch zum wahrhaft schöpferischen Wesen. Nun übernimmt er Verantwortung für sein Handeln und sein Leben. Wir verlassen die Komfortzone unserer Gewohnheiten. Wachstum kann entstehen. Wachsen ist überhaupt das Kriterium des Lebens, die Alternative dazu ist Sterben (das trifft sowohl auf Nationen, Organisationen, Beziehungen, Persönlichkeiten als auch auf alle biologischen Systeme zu). Stillstand existiert in lebendigen Systemen nicht. Bei genauer Überlegung entpuppt sich Stillstand als eine Fiktion unseres Geistes. Entweder sind die Veränderungen zu langsam, zu schnell, zu klein oder zu groß, als dass unser Wahrnehmungsapparat sie erkennen könnte. Tatsächlich gibt es aber nirgendwo in der Natur Stillstand, also auch nicht bei uns selbst. Der in der Wirtschaft gängige Spruch, wonach Stillstand Rückschritt sei, ist somit gleichzeitig richtig und falsch. Falsch, weil es Stillstand eben nicht gibt. Richtig insofern, als die einzige Alternative zum Wachsen das Sterben ist. Dieses Entweder-Oder trifft auf alle Systeme zu, weil das Universum offen und in Bewegung ist. Dadurch entsteht erst die Zeit.

Das, was wir für unser Wachstum, unseren Fortschritt benötigen, liegt notwendigerweise immer außerhalb unserer Komfortzone. Diese werden wir aber nur dann verlassen, wenn wir – bewusst oder unbewusst – uns davon mehr Nutzen als Kosten oder mehr Freude als Schmerz versprechen. Diese Freude und dieser Nutzen können nur in der Zukunft vorgestellt werden. Fortschritt bedeutet also immer das Verlassen des Bekannten und daher die Auseinandersetzung mit Unbekanntem, in dem wir noch nicht heimisch sind. Der Wille –

und nicht das Denken – entscheidet über das Sein des Menschen und unterscheidet ihn damit zugleich von allen anderen Lebewesen.

Menschliches Wollen wird als eine Mischung aus *Pleasure & Pain* konstituiert. Entweder will der Mensch etwas, um dadurch seine Vorteile, seine Freuden zu mehren oder um Schmerz zu vermeiden. Da der Mensch als phantasiebegabtes Wesen *Pleasure & Pain* auch in die Zukunft projizieren kann, ist sein Wollen zukunftsgesteuert und -gestaltend. Im Wollen handelt der Mensch. Wünschen ist passiv, es kostet nichts. Beim Wünschen müssen wir im Gegensatz zum Wollen keinen Preis bezahlen. Erst im Wollen greifen wir in den Lauf der Geschichte ein, gehen ein Risiko ein – denn es könnte auch schiefgehen – und bewirken Veränderungen. Wissen und Können kann man kaufen. Wollen dagegen ist nicht delegierbar. Nur ich kann für mich wollen.

Nur indem ich etwas riskiere, erfahre ich mich als lebendigen Menschen. Folglich will nur derjenige wirklich, der bereit ist, dieses Risiko einzugehen. Und nur derjenige lebt wirklich. Wollend sind wir bereit, einen Preis zu bezahlen, nicht nur den Preis des möglichen Scheiterns, sondern auch den Preis des Verlustes aller anderen Optionen. Etwas zu wollen heißt immer auch, das andere, die Alternativen nicht mehr zur Verfügung zu haben; also sofort und eventuell auch später einen Preis zu bezahlen. Wer nicht Nein sagen kann, der kann auch nicht Ja sagen. Oder, genauer: Die Qualität meines Ja wird gemessen an der Quantität meines daraus resultierenden Nein.

Es gibt keinen Willen ohne Beweggrund. Die Bereitschaft, ein Problem zu lösen und eine Veränderung herbeizuführen, ist abhängig von der persönlichen Motivation. Dies gilt für alle Lebensbereiche, in Wirtschaft und Politik genauso wie in Familie, Schule und Freundeskreis. Ist die Motivation entsprechend hoch, sehen wir den gegenwärtigen Zustand als veränderbar.

Nicht als unüberwindbare Hürde, sondern als Herausforderung. Anders dagegen sieht es bei fehlender Motivation aus. Hier ist nur die Bereitschaft groß, sich auf die mit einer Veränderung verbundenen Schwierigkeiten zu konzentrieren. Die Energie folgt dem Fokus und wir verlieren uns in »Erklärungen« (d. h. Ausreden), weshalb die Situation nicht verbessert werden kann. Es entsteht ein energetischer Teufelskreis.

Die Frage nach dem Wie? erweist sich als zusätzlicher Motivationskiller. Mit dieser Frage richten wir unser Augenmerk meist auf unsere Erfahrung, d. h. auf die Vergangenheit, in der eben häufig noch keine solche Problemlösung gelungen ist. Wenn wir also zu früh nach dem Wie fragen, nimmt die Motivation ab und wir können beobachten, wie wir resignieren: »Wenn ich nur wüsste wie, so würde ich es tun.« Dabei schwingt nicht selten ein eigentümlicher Unterton der Erleichterung mit. Diese Erleichterung entsteht durch die selbst gestrickte Absolution, unser Vorhaben nicht umsetzen zu müssen. Solange wir uns einreden, wir wüssten nicht wie und seien deshalb davon befreit, es zu versuchen, müssen wir am gegebenen Zustand nichts ändern.

Aus diesen Gründen ist es wichtig, sich auf den Lösungs-Zustand zu konzentrieren. Auf jenen Zustand also, in dem wir das Problem erfolgreich hinter uns gelassen haben. Oder mit anderen Worten: Auf die zukünftige Identität. Denn wie wir im Kapitel über die Identität gesehen haben, ist die primäre motivierende Kraft unseres Lebens das Gefühl bezüglich der eigenen Identität. Dabei verstehe ich Emotion als E-Motion, als Energie in Bewegung. Das Leben in seiner Qualität und Dynamik ist abhängig von unserer E-Motion, es wird von unserem gefühlten Selbstbild gesteuert. Den gesuchten Weg zur Lösung, die Strategie finden (oder erfinden) wir dann gleichsam »automatisch«, wenn wir uns ausreichende und gute Gründe dafür vor Augen halten: So entsteht Motivation!

Hier setzt auch der Coaching-Prozess an. Er verläuft in der Regel so, dass zunächst gemeinsam die Hoffnungen und Probleme des Klienten besprochen werden. Als Ergebnis des Gesprächs fällt der Klient eine Entscheidung über seine Zukunft: »Das ist der Mensch, der ich wirklich sein möchte, der ich sein kann!« Die wenigsten Menschen realisieren, dass ihr Tun von der Zukunft gesteuert wird.

Dieser Zustand des Ausgerichtetseins auf die Problemlösung fungiert als große Motivation auf dem Weg zum Einklang mit der eigenen Identität. Der Unterschied zwischen einem Freund und einem Coach liegt nun genaugenommen lediglich in der zeitlich beschränkten Anwendung von Coaching-Techniken, die präzis jene Zustandsänderung beim Klienten bewirken, die es ihm erlaubt, das Problem mit Schwung und Motivation in der Jetzt-Zeit, aber gleichsam »von hinten«, von der Zukunft her, anzupacken und zu lösen. Der inhaltliche Vorgang ist aber der Gleiche! Der Coach ist dem Wesen nach immer ein Freund. Und ein Freund ist immer auch ein Coach, ob er sich dessen bewusst ist oder nicht, weil er von der Zukunft, von der Bestimmung seines Freundes ausgeht, diese als Maßstab zur Bewertung des Hier und Jetzt nimmt und entsprechend ermutigt oder gegebenenfalls auch tadelt.

Spiritualität und Transformation

Wie gelangen wir vom Jetzt-Zustand zu unserer Bestimmung? Wir werden in unserer Lebens-Dynamik ständig von zwei tiefgreifenden Fragen bewegt: »Was ist meine Sehnsucht?« und »Woran leide ich?«

Diese beiden Fragen weisen in die größten Tiefen der

menschlichen Existenz und stehen in einer gewissen Spannung zueinander. Folgen wir unseren Sehnsüchten, entsteht dadurch eine Kraft, die uns Risiken eingehen und wachsen lässt und uns aus unserer Komfortzone herausholt. Wir erleben, dass wir in unserem Umfeld Wirkung erzielen und dass diese Wirkung positiven Nutzen bringt. Wir entdecken den äußeren Teil unserer Lebensaufgabe. Eine solche Sehnsucht kann auch als »heilige Unruhe« bezeichnet werden. Das gibt uns Mut, in uns nach dieser Sehnsucht Ausschau zu halten.

Ich habe in meiner Praxis als Coach oft erlebt und bin deshalb davon überzeugt, dass die Entdeckung der eigenen Sehnsüchte ein Leben kraftvoll nach vorne zu ziehen vermag. Umgekehrt erlebe ich aber auch immer wieder, wie »kreativ«, das heißt mit wie vielen Ausreden und der Verlagerung ihrer Verantwortung in nicht beeinflussbare Größen (wie das Umfeld, die Erziehung oder die »heutige Zeit«) Klienten ihren eigenen Sehnsüchten gleichsam aus dem Weg gehen. Aber weshalb sollten wir unseren Sehnsüchten aus dem Weg gehen wollen? Die Antwort fällt uns vor dem Hintergrund des hier Dargelegten nicht schwer: Die Bewusstwerdung und die Würdigung unserer eigenen Sehnsucht drängt uns gleichsam »automatisch« aus der Komfortzone und schützt uns effektiv vor dem »Wenn-Dann-Glückseligkeits-Prinzip«, das uns irgendwann einmal einholen und in unserem Entwicklungstempo bremsen oder gar anhalten könnte. Mit anderen Worten, Sehnsucht hat durchaus etwas Selbstgefährdendes, Risikobehaftetes, wir nennen es Würdevolles.

Die zweite Frage »Woran leidest Du?« hat mit der Fähigkeit zu tun, mit Anderen und mit sich selbst in eine echte und empathische Beziehung zu treten. Wenn wir uns dem Leiden Anderer oder dem unsrigen wirklich stellen, standhalten und weder innerlich noch äußerlich davor fliehen, entsteht echte Präsenz. Wenn wir dem Leiden nicht ausweichen, entwickeln wir Charakter, den inneren Teil unserer Lebensaufgabe. Wenn ich als Coach auf der Suche bin nach den echten Sehnsüchten meiner Gesprächspartner, um sie zu ermutigen, diese auch wahr-zu-nehmen, kommen wir nicht umhin, gemeinsam den Preis zu begreifen, der mit dem Leiden verbunden ist. Er stellt die Frage nach der Ernsthaftigkeit der Sehnsüchte und Träume und eröffnet die Sicht auf die den Leiden innewohnenden Chancen. Diese Chancen zu nutzen bedeutet unseren Charakter zu entwickeln.

Im Zusammenspiel von Sehnsucht und Leiden, von Glaube, Kraft, Wachstum und Mission einerseits sowie von Stärke, Präsenz und Charakter andererseits entsteht die Dynamik und Entwicklung nach vorn, hin zu unserer Bestimmung.

Das Positive lässt sich sowohl in der Sehnsucht wie im Leiden finden. Allerdings ist in beiden Bereichen auch potentiell Negatives vorhanden. Wirklich lebensbejahend wird erst das Miteinander von Sehnsucht und Leiden. Als Coach und Freund ermutige ich meine Freunde, ihre Sehnsüchte wahr-zu-nehmen und zugleich im Leiden gegenwärtig zu sein und weder innerlich noch äußerlich zu fliehen. Ich helfe ihnen, ein erfülltes Leben zu leben, ein Leben, in dem sie ihrer Bestimmung gerecht werden und sich zu denjenigen Menschen entwickeln, die sie sein können.

Erst wenn wir unsere Sehnsüchte, die Vision unserer selbst, kennen, können wir dem Leiden Positives abgewinnen. Umgekehrt ist eine Sehnsucht nur dann mehr als oberflächliche Schönmalerei, wenn wir entsprechend dazu unseren Charakter bilden. Es gilt also, einerseits Oberflächlichkeit zu vermeiden, andererseits eine positive Vision und viel Glauben zu entwickeln, damit aus dem Leiden keine »Leidensverliebtheit« und letztlich eine Opferhaltung entsteht.

So unterstütze ich durch mein Coaching den Klienten bei der Bewältigung seiner Grundpolarität von Sehnsucht und

Leiden. Aus der Motivationspsychologie wissen wir, dass alles Tun des Menschen darauf zielt, entweder Positives zu steigern oder Negatives zu verhindern. Häufig dient das Verhalten einer Kombination von beidem. Wir haben Sehnsucht nach Freude, Lust, Frieden, guten Gefühlen, Glück. Gleichzeitig versuchen wir unser Leiden zu verhindern oder zu mindern, indem wir Ängste und Schmerz zu vermeiden suchen. Dabei sind wir erfahrungsgemäß viel eher bereit, unser Leid zu lindern, als unsere Sehnsüchte Wirklichkeit werden zu lassen. Das ist auf den ersten Blick sogar verständlich, denn Schmerz zwingt zur sofortigen Handlung: Niemand lässt die Hand auf der heißen Herdplatte. Die Zukunft hingegen kann warten. Deshalb wird der Entwicklungsprozess eines Menschen von der Gefahr begleitet, Schmerzliches als Gefahrensignal zu missdeuten und seine Sehnsüchte zu verwässern, um sein Leiden abzukürzen. Hier machen der Freund oder der Coach Mut, nicht stehen zu bleiben, sie bestätigen den Glauben an die Sehnsüchte des Freundes und sympathisieren mit dessen sinnvollem Leiden im Entwicklungsprozess. »Sinnvolle Schmerzen« – Wachstumsschmerzen – sind dabei von Signalen, dass etwas ungesund oder unstimmig ist, sorgfältig zu unterscheiden.

Ein Mensch mit einer starken Mission hat eine Persönlichkeit. Er hat Ausstrahlung und Charisma und erzielt entsprechende Wirkung. Ein Mensch mit starkem Charakter ist auch dann zuverlässig, wenn niemand hinschaut und es ihn etwas kostet. Persönlichkeit wird heute mehr gefördert und belohnt als Charakter. Dies hängt damit zusammen, dass sich die Wirkung einer starken Persönlichkeit viel schneller zeigt als der Wert eines Charakters und wir das in unserer schnelllebigen Zeit häufig bevorzugen. Den Mangel an Charakter erleben wir wohl – aber in der Regel erst im Nachhinein.

Persönlichkeit meint also die Summe von Talenten und die Ausstrahlung eines Menschen, die rasch erkennbar werden, während Charakter eine »leise«, erst mit einiger Zeit (und Prüfungen) sichtbar werdende Beschreibungsgröße des Menschen meint, eine Art Beständigkeit in der Ausrichtung seiner Handlungsweisen auf bestimmte Werte hin.

Als Coach habe ich nur ein Ziel: Ich will beides gleichermaßen fördern und Einseitigkeiten vermeiden. Es gilt, in beiden Bereichen tiefer und stärker zu werden, damit die Bestimmung des Gegenübers sich entfaltet.

Aus der erläuterten Strategie zur Vermeidung des Leidens lässt sich ableiten, was wir bei Manres die »Fortschritts-Verhinderungs-Psychologie« nennen: Dazu müssen wir (»nur«) versuchen, Sehnsüchte und Visionen herunterzuspielen, zu verwässern, ad absurdum und ins Lächerliche zu führen, und dem Leiden auf irgendwelche Weise (gedanklich oder real) aus dem Weg zu gehen bzw. es ganz aus unserem Leben zu verbannen. In beiden Fällen ist der »Erfolg« gewiss: Es entsteht keine Transformation hin zur Bestimmung, weder bei Individuen noch bei Beziehungen, Gruppen oder Organisationen.

Es geht also darum, die Anzahl der Wahlmöglichkeiten wachsen und nicht schrumpfen zu lassen und so gemäß Max Frischs Ausspruch mehr Würde zu erleben: »Die Würde des Menschen liegt in seiner Wahl.« Wir besinnen uns darauf, dass wir alle ein enormes Potential zur Transformation haben und stehen zu unserer diesbezüglichen Verantwortung. Die Kraft dafür kommt aus den Visionen und Sehnsüchten einerseits und – was viele überrascht – häufig auch von den dunklen Seiten unserer Lebenssituation und Geschichte, in der Leiden oder das Ausweichen von Leiden im Vordergrund steht. Großen Wert lege ich darauf, dass unsere Klienten ihr Leiden als sinnvollen, sinnstiftenden Teil ihrer Biographie (an)erkennen. Situationen des Leidens, in denen wir nichts »tun« können, sind Einladungen, unsere Wahrnehmung, unsere Achtsamkeit und unseren Charakter zu erweitern und zu stärken.

Ebenso wichtig ist, dass unsere Klienten auch ihre Sehnsüchte wahrnehmen und (er)leben, in denen sie gleichsam das Echo ihrer Bestimmung, also ihrer Zukunft hören – und zwar jetzt!

Manche Menschen haben Angst vor Wachstum. Anderen wiederum ist das Wachstum eines Menschen suspekt und eine Quelle für Neid. So erlebe ich nicht nur in der Schweiz einen Drang zum Mittelmaß: »Man darf nicht zu gut sein.« Wenn mich beispielsweise jemand begrüßt und mich fragt: »Wie geht's?« und ich sage: »Super! Weißt Du, ich bin so erfüllt«, dann denkt mein Gegenüber: »Oje, um den muss ich mir langsam Sorgen machen.« Oder wenn ich jemandem sage: »Du siehst heute gut aus«, denkt sich dieser nicht selten: »Was will denn der von mir?« Wir haben so viele sprachliche Scheren entwickelt, mit denen wir uns selbst und Anderen andauernd profilierende Ecken und Kanten wegschneiden. Wenn es uns echt gutgeht, beschränken wir uns auf ein banales: »Ich kann nicht klagen.« Andererseits bemühen wir uns, wenn es uns nicht gutgeht, nur ja nicht allzu zu traurig zu klingen und relativieren mit einem müden: »Geht schon. Es muss …« Wir sollten aufhören, uns selbst und Andere klein zu machen und klein zu reden. Ich kenne kaum einen Text, der diese notwendige Überwindung von Angst und Leid und die Bejahung der Sehnsucht und des Wachstums besser zum Ausdruck bringt als die nachfolgenden Zeilen der US-Autorin Marianne Williamson, die auch Nelson Mandela 1994 in seiner Antrittsrede als Präsident von Südafrika wiederholte:

»Unsere größte Angst besteht nicht darin, machtlos zu sein. Unsere größte Angst besteht darin, dass wir über alle Maßen hinaus mächtig sein könnten. Es ist unser Licht, nicht unsere Dunkelheit, das uns ängstigt. Wir fragen uns selbst, wer bin ich schon, dass ich brillant, großartig, begabt, fabelhaft sein könnte? Die Frage ist vielmehr, wie kannst Du Dir einbilden, dies alles nicht zu sein? Du bist ein Kind Gottes, Dein Dich-

Kleinmachen dient der Welt in keiner Art und Weise. Im Schrumpfen gibt es nichts Erleuchtetes. Du tust es nur, damit sich Menschen um Dich herum nicht unsicher fühlen. Aber wir wurden geboren, um die Herrlichkeit Gottes, die in uns ist, zum Ausdruck zu bringen. Sie ist nicht nur in einigen von uns, sie ist in jedem Menschen, in jedem von Ihnen. Indem wir unser eigenes Licht scheinen lassen, geben wir erst anderen Menschen unbewusst die Möglichkeit, dasselbe zu tun. Indem wir von unseren Ängsten befreit werden, wirkt unsere Präsenz automatisch befreiend auf Andere.«

Meine Mission ist also grundsätzlich der Mehrwert, der ich für Andere bin oder umgekehrt das, was ihnen fehlen würde, wenn ich mich zurückziehen oder aufgeben würde. Nelson Mandela hat das in äußerster Konsequenz gelebt und nie aufgegeben – aus Verantwortung sich selbst und seinen Mitmenschen gegenüber.

Was also ist Freundschaft?

Freundschaft meint die Identität des Freundes. Wir verbinden uns mit dem, wozu ein Mensch bestimmt ist und was in ihm bzw. durch ihn möglich ist. Wir erkennen dies in seinen Sehnsüchten und seinem Leiden, die je nach Persönlichkeit erst herausgearbeitet und bewusst gemacht werden müssen. Wir sind zu jedem Zeitpunkt unsere Zukunft. Wir sind eben nicht nur, was wir waren bzw. dessen Ergebnis, sondern wir sind auch immer das, wozu wir im Stande sind, was als Keim in uns angelegt ist.

Als Freund sehen wir die Identität Anderer in diesen weiten Bezügen. Wahre Freundschaft bedeutet, dass wir alles Vergangene und Gegenwärtige im Lichte des zukünftig Möglichen wahrnehmen, deuten und gemäß dieser positiven Deutung unsere nächsten Schritte setzen, also unser Handeln bewusst wählen. Dies ist der Weg der Liebe. Von Ängsten befreit man sich durch aktive, positive Phantasien: Glaube, Liebe und Hoffnung. Denn Ängste sind auch nur Phantasien: Negative Phantasien des eigenen Unterganges.

Alles in diesem Kapitel Beschriebene könnte folgendermaßen zusammengefasst werden: Freundschaft ist die aktive Liebe, die vom Glauben an die einmalige Bestimmung und den einmaligen Wert des Freundes angetrieben alle ängstlichen Fortschritts-Verhinderungsversuche überstrahlt und überwindet. So kommt die Identität jedes Einzelnen zum Tragen, der sich selbst wiederum als sinnvoll erlebt, indem er das Leben eines Freundes in seinem Umfeld bereichert. Es entsteht eine gesunde, lebensbejahende und lebensfördernde Gemeinschaft. Ralph Waldo Emerson hat dafür die Worte gefunden: »Der einzige Weg, einen Freund zu haben, ist der, selbst einer zu sein.«

So werde ich (m)ein guter Freund

13 Fragen, die den (all)täglichen Entwicklungsprozess anregen

- Was verändert sich, wenn ich für eine gewisse Zeit »ich wähle …« statt »ich wünsche …« oder »ich will …« formuliere?
- Wie sehe ich mich und andere Menschen: Nur im Moment, nur die Leistungen der Vergangenheit, oder im weiten Bezug dessen, was alles noch Gutes kommen kann?
- Wie ändert sich meine Beziehungsgestaltung, wenn ich Menschen bzw. mich selbst so behandle, wie mein Gegen-

über im besten Fall sein könnte? Wenn ich darauf fokussiere und Momentanes und Vergangenes im Licht des zukünftig Möglichen deute und entsprechend meine nächsten Schritte definiere?

- Wann habe ich das letzte Mal wirklich etwas riskiert? Wie ist es mir gelungen, dabei die Schwelle der Entscheidung (das Risiko) zu überschreiten?

- Wenn ich auf mein bisheriges Leben zurückblicke: Fällt mir da auf, dass ich besonders auf die Momente stolz bin, in denen ich bewusst ein Risiko eingegangen bin?

- Falls dem so wäre, welche Lehre für mein künftiges Leben, für mein heutiges Handeln beinhaltet diese Erkenntnis?

- Welches wertvolle Ziel habe ich bislang noch nicht erreicht oder mache seit Monaten keine erkennbare Bewegung darauf hin? Ich nehme ein Blatt Papier und notiere alle guten Gründe, warum das Erreichen dieses Zieles mir Vorteile aller Art bringen würde.

- An welche Versprechen, die ich mir selber einmal gegeben, aber nicht eingehalten habe, und die mir heute noch relevant erscheinen, kann ich mich erinnern? Wie könnten konkrete Schritte zur Umsetzung und Einhaltung dieser Versprechen aussehen? Was könnte ich in der äußeren Wirklichkeit innerhalb der nächsten 72 Stunden Greifbares tun, um vorwärtszukommen?

- Wo fallen mir »Evergreens« von Ausreden bei Anderen auf? Wo bei mir? Kann ich das dahinter liegende Entwicklungspotential erahnen? Wie könnte es umschrieben werden?

- Welche Gefühle und Sehnsüchte trage ich mit mir herum, ohne daraus bislang konkrete Schritte abgeleitet zu haben? Wie könnten solche Schritte aussehen?

- Wie reagiere ich, wenn jemand große Träume erzählt? Neige ich dazu, diese zu ermutigen oder zu relativieren?

- Wie kann ich in mir in Momenten des Leidens das Positive und Charakterbildende dieser Situation vergegenwärtigen?
- Was tue ich heute dafür Konkretes?

Wozu Freundschaft?

Freundschaft ist aktive Liebe. Der Erfolg des Coachens hängt immer von der Qualität der Haltung des Coach zu seinem Gegenüber ab. Diese etwas absolut anmutende Aussage darf jeder Leser gerne bei sich selber überprüfen:

- Fragen Sie sich, welche Menschen Sie am nachhaltigsten positiv beeinflusst haben.
- Machen Sie eine Liste dieser Personen.
- Überlegen Sie sich, was genau diese Menschen Ihnen gegenüber getan haben, und stellen Sie eine entsprechende Liste auf.

Sie werden zu ganz verschiedenen Antworten kommen, wie zum Beispiel: Diese Person war streng mit mir, diese Person übertrug mir große Verantwortung, diese Person reagierte gelassen, als ich etwas verbockt hatte usw. Doch der gemeinsame Nenner dieser Personen wird ein und dieselbe Haltung hinter diesen verschiedenen Verhaltensweisen sein. Eine Haltung des Glaubens an Sie, an Ihre Möglichkeiten, an Ihre Bestimmung.

Wir können und sollen viel lernen über geeignete Instrumente und Techniken des Coaching; entscheidend bleibt aber, dass dies auf dem Fundament des Glaubens an das Gegenüber, an dessen Möglichkeiten, Güte und Potentiale gründet. Die oben erläuterte Übung habe ich unzählige Male mit Verantwortungsträgern durchgeführt und dabei immer wieder zwei Dinge festgestellt:

- Alle erfolgreichen Menschen haben durch andere Menschen spezifische Förderung erfahren.
- Diese Förderung bestand in der Essenz immer im Glauben der Förderer an sie.

In meinem Fall zögere ich keine Sekunde, wenn ich gefragt werde, wer der beste und wichtigste Coach meines Lebens war: Meine Mutter. Ihr verdanke ich enorm viele Lebensweisheiten, die ich buchstäblich aufsog und heute noch verwende, weil sie zum einen im Glauben an mich und meine Bestimmung begründet waren und zum anderen mit einem außerordentlich positiven Geist und mit Liebe ausgedrückt wurden. Sie ist mir darin ein Vorbild. Der letzte Abschnitt dieses Kapitels ist deshalb der Liebe gewidmet.

Die vier Stufen der Liebe

Die erste Stufe in der Entwicklung eines Menschen ist die Stufe des Bedürfnisses. Wir alle werden auf Gedeih und Verderb abhängig von unserem Umfeld geboren und brauchen buchstäblich notwendigerweise Zuwendung, Fürsorge und Schutz von Anderen, um überleben zu können. All diese Elemente (Zuwendung, Fürsorge, Schutz) sind Formen von Liebe. Als Baby und Kleinkind sind wir Bedürftige. Unsere Forderungen richten sich ungehemmt an unser Umfeld und wir stellen unser eigenes Wohl über dasjenige aller anderen Beteiligten. Diese »Baby-Stufe« der Liebe ist eine natürliche und prägende am Anfang unserer menschlichen Existenz. Später im Leben wird sie zu einem entwicklungspsychologischen Anachronismus.

Die zweite Stufe, zu der sich ein Mensch in der Regel entwickelt, ist die Stufe der Partnerschaft. Hier geht es nicht mehr nur um das Nehmen, sondern um einen Ausgleich zwischen Nehmen und Geben. Als Partner sind wir darauf bedacht, Gutes zu tun, um Gutes zu erhalten und finden im Gegenüber den Empfangenden und den Gebenden von Liebe. Dieser Zustand wird in unserer Gesellschaft häufig als der normale empfunden. Seine Schwäche liegt in seiner Anfälligkeit: Halten wir diesen Zustand für den höchsten des menschlich Erreichbaren, gibt es nichts anderes als den Rückschritt, die Regression zurück in die Baby-Stufe, die uns dann, wenn wir uns irgendwie überfordert fühlen, als sichere Alternative erscheint, in der wir wenigstens unsere Bedürfnisse gestillt bekommen. Die Partnerschaft wird nämlich dann heikel und fragil, wenn nicht alles automatisch rund läuft. Dies ist oft der Fall, weil das Leben sich für jeden von uns subjektiv ereignet. Dann tritt die nagende Frage in den Vordergrund: »Bekomme ich, was ich brauche, und gebe ich nicht vielleicht mehr, als ich bekomme? Stimmt das noch für mich?«. Dabei besteht die Gefahr, dass der Mensch kraft seiner die eigenen Ängste für Realität haltenden Subjektivität die Ängste des Gegenübers höchstens als mittelbare Wahrheit oder als Konstruktion betrachtet und sie somit ganz anders gewichtet. Weil wir in der Partnerschaft jedoch vom Gegenüber abhängig bleiben, sind Beziehungen systemisch störungsanfällig. Jeder Konflikt entsteht durch die Regression des Einen, der in der Regel den Anderen auf die Baby-Stufe herunterzieht, so dass die Stufe der Partnerschaft als labil bzw. der Babyzustand als das einzige »echte« Refugium der Ichbezogenheit erlebt wird. Aus diesem Zustand der Ichbezogenheit heraus ist es aber schwer möglich, echte Freundschaft zu leben.

Doch lenken wir nun unseren Blick auf eine Alternative. Es gibt einen erfüllenden Entwicklungsweg nach »oben«, nämlich in die Richtung von Stufe drei, in der wir lieben, weil es unserer Identität entspricht. Dies ist die Stufe der Freiheit:

Wir lieben, weil wir Liebe sind, weil wir uns entschieden haben, diesen Wert in unserem Leben als verbindlichen Orientierungspunkt, ja als Bestimmung zu nehmen. Die Not unseres Gegenübers, des Partners, bietet uns Gelegenheit, unserer Identität Ausdruck zu verleihen. Wir lassen uns nicht auf eine tiefere Stufe hinunterziehen.

Es existiert überdies eine vierte Stufe der Liebe. Es ist die höchste Stufe, die Stufe des Überflusses. Sie ist erreicht, wenn Feindesliebe gelebt wird. Hier sind wir im Stande, auch angesichts von Unrecht, Schmerz und Lieblosigkeit Liebe zu leben. Auf der vierten Stufe ist Gott in den Menschen umfassend am Wirken. Die Bitte von Jesus »Vater vergib ihnen, denn sie wissen nicht, was sie tun!« (Lukas 23, 34) ist der Ausdruck von Überfluss, Identität und absoluter Liebe.

Stufe drei und vier sind die Stufen der Erfüllung, Stufe eins und zwei sind die Stufen des Überlebens (Stufe eins des physischen und des seelischen, Stufe zwei des seelischen Überlebens). Viele Menschen begnügen sich mit den ersten beiden Stufen und verwechseln die Formen der Liebe, die sie darin erfahren können, mit dem Wesen der Liebe. Doch das erschließt sich in seiner Ganzheit erst ab der dritten Stufe.

Die drei Kategorien der Liebe

Das Wesen der Liebe kann man entlang der drei Dimensionen des Menschen, Leib – Seele – Geist darstellen. Dabei helfen uns drei Wörter aus dem Griechischen, die übersetzt auf Deutsch alle »Liebe« heißen, die verschiedenen Facetten von Liebe aber präziser erfassen als das bloße Wort »Liebe«.

Beginnen wir mit der physischen Liebe, griechisch »Eros«. Eros meint jede Form des Liebens, bei dem der Liebende über sein Liebesobjekt bestimmen kann. Er kann es tun, er kann es lassen. »Liebe machen« ist folgerichtig die Erotik, die physische Liebe. Jeder Mensch bestimmt, ob er das tun will oder nicht. Liebe lässt sich selbstverständlich nicht »produzieren«. Aber Liebe können wir auf der physischen Ebene tatsächlich »machen«. Genauso richtig ist es zu sagen, dass ich zum Beispiel »die Berge und Fondue liebe« – was man von mir als Schweizer wohl auch erwartet. Es stimmt deshalb, weil natürlich ich es bin, der darüber bestimmt, was ich esse und wohin ich mich begebe und was ich betrachtend genieße.

Eine zweite, ganz andere Form der Liebe ist die seelische Liebe, griechisch *Philia*. Damit ist die Freundesliebe gemeint, die nur von Gleich zu Gleich möglich ist. Wir können nicht über den Anderen bestimmen. Aber wir können für den Anderen immer da sein, an ihn glauben und damit günstige Voraussetzungen für das Gelingen von Freundschaft schaffen.

Schließlich gibt es die geistliche Liebe, griechisch *Agape*. Die geistliche Liebe ist etwas, das über uns ist, nicht auf der gleichen Höhe wie die Philia oder uns verfügbar wie der Eros. Agape ist ein Geschenk, das wir bestenfalls dankbar annehmen können. Nichts können wir dazu tun, um diese Liebe zu verdienen oder wahrscheinlicher zu machen. Agape ist das Wesen Gottes, das uns ohne unser Verdienst einfach gegeben wird. In menschliche Sprache gekleidet, versuche ich mich der Beschreibung von Agape so zu nähern, dass ich sage: Agape ist die Liebe, die geben kann ohne dabei zu rechnen. Ein dem Menschen innerhalb des Menschlichen nicht wirklich möglicher Vorgang, es sei denn, der Mensch ist selber von Agape berührt und gibt diese nun weiter. Auf dieser innersten und höchsten Stufe der Liebe sind wir als Beschenkte gut beraten, wenn wir das Geschenk weitergeben, weil das – einer Röhre gleich – die Voraussetzung ist, um Neues zu erhalten. Eine Röhre muss zwei Bedingungen erfüllen, um optimal zu funktionieren: Sie muss zum einen am richtigen Ort angeschlossen sein und darf zum anderen nicht verstopfen: Weder durch Obstruktionen wuchtiger, mechanischer Art (Verletzungen) noch durch langsames Gewächs (Traditionen und Gewohnheiten), das den Durchfluss der Substanz, die ihr geschenkt wird, behindern könnte. Durch die regelmäßige Gabe von Liebe fließt sie durch mich hindurch. Dieser Fluss verhindert das Wachsen von hinderlichen Wucherungen und garantiert das reichliche Erleben der Liebe. Indem ich Liebe absichtslos gebe, erfahre ich den Akt des Gebens als eigentliche Bereicherung.

Agape in ihrer reinsten Form finden wir auf der vierten Stufe der Liebe in der Feindesliebe. Sie ist aber auch vorher schon vorhanden. Ein Mensch, der einer Röhre gleich für die Agape durchlässig ist, kann sich durchaus auch am Eros und an der Philia erfreuen, allerdings mit einem ganz anderen Tiefgang, als wenn ihm die höchste Stufe der Agape fehlt. Freundschaft, terminologisch am ehesten in der Philia zum Ausdruck gelangend, blüht im umfassenden Sinne erst dann ganz auf, wenn Agape ihre Quelle bildet.

Liebe Leserinnen und Leser: Wer von Ihnen würde wohl der Aussage zustimmen, dass Sie einen großen Teil Ihres Erfolges einem oder mehreren Menschen verdanken, die an Sie glaubten, als Sie selbst nicht mehr an sich glauben konnten? Freundschaft tut genau das und ist deshalb für uns als Individuen wie auch als Gesellschaft unverzichtbar. Freundschaft ist kein Luxus, sondern eine Notwendigkeit.

Wir alle stehen vor der über zweieinhalbtausend Jahre alten Herausforderung, uns selbst zu erkennen – also mit allen unseren Möglichkeiten und unserer Bestimmung. Ein von Freundschaft durchdrungener Lebensstil bedeutet, dass ich meiner Bestimmung gemäß lebe, indem ich Anderen direkt und indirekt dabei helfe, ihre Bestimmung zu finden und zu leben. Wir sind vor die Aufgabe gestellt, uns selbst zu führen –

wir sind unsere wichtigste Führungsaufgabe und gleichzeitig, falls wir mit Führungsaufgaben betraut sind, unser wichtigstes Führungsinstrument. Und wir sind eingeladen, uns selbst zu geben, um zu wachsen und unser Sein sinnstiftend zu gestalten und als sinnvoll zu erleben.

Ich wünsche Ihnen beim Umsetzen dieser Anregungen von Herzen viel Erfüllung und positive Erlebnisse.

Das Wesen der Freundschaft

Einen Menschen lieben heißt, ihn so zu sehen,
wie Gott ihn gemeint hat.
Fjodor Dostojewski

In diesem Kapitel beschäftigen wir uns mit dem Bergriff der Freundschaft – mit dem, was ich darunter verstehe und erlebend verbinde. In Alltagsdefinitionen betonen wir die positiven Wirkungen von Freundschaft als Quelle persönlichen Glücks, als Sicherheit und vertraute Beziehung, auf die wir uns auch in Krisen verlassen können. Wir erleben Freundschaft aber auch in der Gestalt von Menschen, die immer für uns da sind – auch wenn es lange her ist, seit wir sie zum letzten Mal gesehen haben. Gleichzeitig werden uns schwierige Seiten von Freundschaft bewusst; wie ihre Seltenheit: Habe ich wirklich einen echten Freund? Oder den geforderten persönlichen Einsatz: Oft bedarf es jahrelanger Bemühungen, bis eine freundschaftliche Beziehung stabil ist und ich mich auf sie verlassen kann. Echtes Vertrauen wird nur langsam aufgebaut und kann schnell zerstört werden. Daher kommt die Fragilität von Freundschaft: Ein falsches Wort kann vielleicht alles kaputt machen. So braucht es immer wieder positive Erfahrungen, bis wir die Gewissheit einer stabilen Freundschaft haben.

Was also ist Freundschaft? Was kennzeichnet das Wesen dieses beglückenden Beziehungszustandes? Wir könnten etwa sagen, Freundschaft sei die Summe von Vertrauen und Offenheit, Fürsorge und Empathie, Zuhören und Mitdenken, Teilen und Geben – oder noch besser eine wunderbare Balance zwischen alledem. Dies sind wohl sehr wertvolle Auswirkungen von Freundschaft. Ihre Auflistung ist zum einen aber nie vollständig und stellt zum anderen eben nur verschiedene Erscheinungsformen der Freundschaft dar, die ihr Wesen nicht im Innersten erfassen. Doch genau dies will ich hier auf Grund meiner langjährigen Erfahrungen als Coach und Psychologe wagen: Eine Definition von Freundschaft.

Beginnen wir bei der Wirkung: Die Gemeinsamkeit aller Wirkungen von Freundschaft ist die Stärkung der Menschen durch neue Sichtweisen ihrer selbst. Ein Freund sieht, was in uns steckt und hilft uns, unsere Möglichkeiten und unsere Bestimmung auch selbst zu sehen. Er macht uns darauf aufmerksam, wenn wir uns nicht so verhalten, wie wir es eigentlich könnten und meist auch möchten (»So kenne ich Dich gar nicht, das bist nicht Du«), oder wenn wir nicht der sind, der wir eigentlich sein könnten. Eine angenehme Form dieser Wahrnehmung durch den Freund ist die Ermutigung, eine weniger angenehme Form ist vielleicht ein gehöriges Kopfwaschen. In beiden Fällen weisen uns Freunde auf unseren Kern hin, auf das, was wir tatsächlich sind, auf das, was uns im Moment abhandengekommen ist – unser Wesen, unsere Identität, unsere Bestimmung. *Ein Freund ist der Anwalt meiner Zukunft, meiner Bestimmung.*

Immer wieder ist mir aufgefallen, dass Freunde einen leichteren Zugang zu dem uns innewohnenden Positiven haben, als wir selbst. Häufig sind wir in Bezug auf uns selber viel kritischer als im Hinblick auf Andere – auch wenn das gegen außen nicht direkt so erscheint. Aber gerade Menschen, die selbstbewusst auftreten, sind, wenn man sie einmal besser kennt, die größten Kritiker ihrer selbst. Sie versuchen, innere Unsicherheiten durch selbstbewusstes Gebahren wettzumachen. Freunde dagegen sehen viel klarer das Gute, das in uns angelegt ist. Sie beleuchten inmitten von Herausforderungen unsere Möglichkeiten – und zwar von der positiven Seite, von der zukünftigen Sicht her. Das ist ein Grund, weshalb uns Gespräche mit Freunden Kraft geben. Ist dies nicht der Fall, haben wir es nicht mit nährender Freundschaft zu tun. Ob in Form von Schelte oder von Ermutigung: Freunde sehen in uns das, was wir wirklich sind, weil wir es sein können. Freundschaft ist die Beziehungsform, die unser Potential entwickelt und fördert. Goethe beschreibt die Essenz von Freundschaft so: »Wenn wir Menschen nur annehmen, wie sie sind, so machen wir sie schlechter; wenn wir sie so behandeln, als wären sie, wie sie sein sollten, so bringen wir sie dorthin, wohin sie zu bringen sind.«

Eine starke Identität – die Gewissheit, dass ich ein wertvoller Mensch bin und Freunde habe, die genau dieses Wertvolle in mir sehen, denn sonst wären sie nicht mit mir befreundet – ist die Grundlage für ein starkes Individuum. Starke, das heißt verankerte Individuen wiederum bilden die Basis für eine Gesellschaft, die trägt. Diese Tragfähigkeit kommt durch ein Wechselspiel von starken Individuen und einem funktionierenden Ganzen, das wiederum die Stärkung von Individuen fördert, zu Stande. Freundschaft ist sowohl der Nukleus als auch das sozial wirksame Immunsystem einer starken Gesellschaft.

Würde uns ein Freund sagen: »Ich sehe das in Dir, was auf Dein Höheres Selbst verweist«, wäre das für die meisten von uns ungewöhnlich, vielleicht sogar ein bisschen unangenehm. Warum? Weil wir häufig zu kritisch mit unserem Selbstbild beschäftigt und in ihm gefangen bzw. eingeschränkt sind. Wir sehen unsere eigene Person häufig zu eng und nehmen vor allem diejenigen Teile unseres Charakters wahr, mit denen wir nicht zufrieden sind, unsere Unzulänglichkeiten und Schwächen. Freunde hingegen zeigen uns die eigentliche Seite der

Medaille: Sie weisen in die entscheidende Richtung, denn es ist das größte Privileg im Leben, der zu sein, der wir sind und als solcher wahrgenommen zu werden – von Freunden.

Die gleiche Logik kommt im obigen Zitat Goethes zum Ausdruck. Mein Glaube an die Zukunft meines Freundes bestimmt meine Bewertung seines heutigen Tuns und meine Einstellung zu ihm insgesamt. Deshalb wird sich mein Verhalten ihm gegenüber von diesem inneren Bild, das ich von ihm habe, leiten lassen. Vor diesem Hintergrund hat auch die Aussage »jemandem freundschaftlich begegnen« eine ganz andere Dimension: »Ich begegne Dir freundschaftlich«, das heißt nichts anderes, als menschliche Möglichkeiten und Potentiale meines Gegenübers zu sehen und zu entwickeln, also mich zum Anwalt seiner bestmöglichen Zukunft zu machen, derjenigen, die in ihm tatsächlich angelegt ist. In diesem Sinne hat Coaching, die Unterstützung von Menschen in ihrer Entwicklung und Bestimmung, viel mit Freundschaft zu tun. Diesen Zusammenhang werden wir später noch genauer betrachten. Zunächst stehen ausgewählte Bereiche der Freundschaft im Zentrum, die uns helfen, ihre immense Bedeutung vertiefter zu verstehen.

Freundschaft und Identität

Wie wir gesehen haben, hat erlebte Freundschaft einen enormen Einfluss auf die eigene Wahrnehmung unserer Identität. Wer also die Qualität von Freundschaft(en) verbessert, wird seine Erfahrungen mit sich und anderen Menschen in einem neuen Licht betrachten. Durch Freundschaft lernen wir einerseits, neu und anders über uns selbst zu denken, andererseits wird uns der Wert von Beziehungen bewusst. Wir interpretieren soziale Strukturen und Verhaltensmuster neu und stärken damit die Gesellschaft insgesamt. Erst ein tiefes Verständnis von Freundschaft und die Fähigkeit, ein Freund zu sein, eröffnen den Weg zum wahren Selbst.

Beziehungen werden zum Nährboden und Übungsfeld von bestmöglich entwickelten Identitäten und – umgekehrt – werden bestmöglich entwickelte Identitäten Beziehungen so gestalten, dass sich die Beteiligten darin optimal entwickeln können: Ein positiver Kreislauf.

Somit sind Freundschaft und Identität auf das Engste miteinander verbunden. Mit erschreckender Regelmäßigkeit haben soziale, emotionale und mentale Krisen ihre Wurzel in Unkenntnis der eigenen Identität oder in Zweifeln über das eigene Selbst: »Wer bin ich eigentlich?« Nur wenn wir wissen, wer wir sind, sind wir emotional und mental stark. Notorische Selbstzweifel führen über kurz oder lang in eine Krise. Umso gefährlicher ist es, dass manche Menschen ihre Leistungsfähigkeit genau auf diese Gewohnheit des Selbstzweifels zurückführen.

Jeder Mensch erlebt irgendwann auch Momente des Zweifels. Daran ist in Bezug auf die Qualität seines Handelns auch nichts auszusetzen. In Bezug auf die eigene Identität jedoch wirken Zweifel als Gift. Deshalb ist die Unterscheidung zwischen Handeln und Sein entscheidend. So kann und darf der Freund unser Verhalten kritisieren, gerade weil er als Anwalt unserer Bestimmung unser Sein mitsamt seinem Potential vorbehaltlos schätzt und in hellem Licht sieht.

Die Unterscheidung zwischen Kritik an der Identität und Kritik am Verhalten muss möglichst früh, bestenfalls bereits in der Kindheit erlernt werden. An einem Beispiel, das ich mit meinem ersten Kind Christian erlebt habe, soll dies deutlich gemacht werden.

»Ich bin dumm.« Mein damals achtjähriger Sohn kommt

sichtlich niedergeschlagen von der Schule nach Hause. »Ich bin dumm!« – So seine Antwort auf meine Frage nach den Gründen seines Trübsinns. »Unsinn, vergiss es!«, versuche ich das Problem abzukürzen. »Ich bin dumm«, insistiert Christian. »Wie kommst Du darauf?« »Aus diesen und jenen Gründen und weil der Junge, der in der Clique das Sagen hat, das behauptet.« »Christian, ich hasse die Vorstellung, mein Sohn sei dumm. Mein Sohn kann nicht dumm sein, andernfalls müsste auch ich dumm sein«, erwidere ich und halte meinen Vorstoß für psychologisch besonders ausgeklügelt. »Dir ist doch klar, Christian, dass Du nicht von heute auf morgen verdummen kannst, oder? Du bist vielleicht an einem Tag gut und am anderen Tag schlecht gelaunt, aber nicht heute intelligent und morgen dumm.« Um diese These zu beweisen und als Antwort auf Christians ungläubigen Gesichtsausdruck gebe ich noch eins obenauf: Ich erinnere ihn daran, mit welch genial einfachem Argument er bereits als Fünfjähriger bewiesen hatte, dass Zahlen unendlich sind: »Mit Deinem jährlich wiederkehrenden Geburtstag, unabhängig von Deinem Alter und über Dein Leben hinaus, weißt Du noch? Und jetzt, drei Jahre später, sollst Du verdummt sein?« »Hm … nein!«, gibt Christian zu. So stolz wie auf diese erfolgreiche Überzeugungsarbeit bin ich schon lange nicht mehr gewesen. Aber die Kuh ist noch nicht vom Eis. Christians Verstand ist bereit zu folgen, sein Gefühl noch nicht. »Sag mal, hätte der Junge Dir gesagt, Du seist ein hässliches Mädchen, hätte Dich das genauso verletzt?« »Nein, natürlich nicht. Es wäre zwar nicht schön, ein hässliches Mädchen zu sein, aber ich bin ja kein Mädchen, also was soll das?« Christian wird ungeduldig und ich setze zur Schlusspointe an: »Was ist der Unterschied? Du weißt, Du bist kein Mädchen. Du weißt, Du bist nicht dumm. Also, was ist der Unterschied?« »Aha, jetzt …!« Christians Augen funkeln: »Du meinst, ich bin es, der entscheidet, was ich glaube und was nicht, und das macht den Unterschied in meinen Gefühlen! Ich habe die Wahl!«

Können Sie sich vorstellen, wie froh ich als Vater in diesem Moment für meinen Sohn war? Er verstand den Unterschied zwischen Identität und Verhalten und er verstand, dass es seine Wahl war, was er glauben wollte. Diese Entscheidung würde fundamentale Konsequenzen haben, speziell für seine Gefühle. Das war der Durchbruch!

Das Potential der Freundschaft ist die Stärkung der Identität. Um Identität geht es, wenn ein Freund sagt: »Ich sehe, was in Dir steckt. Ich sehe, wer Du wirklich bist. Du magst einen Fehler begangen haben, aber deshalb bist Du nicht unzulänglich.« Hierin offenbart sich der zentrale Unterschied zwischen Leistung und Identität. Freundschaft kann das eine vom anderen unterscheiden. Freunde sehen uns als liebende und liebenswerte Person, die einen Fehler gemacht hat. Die Basis des Ganzen ist und bleibt aber das Positive. Nehmen wir unsere Definition von Freundschaft an, werden alle landläufig bekannten Aussagen evident: Ein Freund hat mit uns keine Krise, nur weil wir eine haben bzw. weil unsere Situation – selbstverschuldet oder nicht – kritisch ist. In der Krise erkennen wir vielmehr die wahren Freunde.

Der Freund vergibt uns, nicht weil er Schuld ausblendet, sondern weil er höhere Bereiche unseres Selbst sehen kann und den Schwerpunkt auf diese legt, weil er an uns glaubt, auch oder gerade dann, wenn wir es nicht mehr tun. Er entdeckt, in welches Bild wir hineinwachsen können, hält daran fest und zeigt uns, wozu wir im Stande sind. Nicht, indem er den Weg für uns geht, sondern indem er mit uns geht und seine Perspektive der heutigen Situation von der bestmöglichen Zukunft unserer Identität her bezieht.

Fragen zum täglichen Training

- Wie erkläre ich »Freundschaft« einem fünfjährigen Kind?
- Was erwarte ich von einem Freund?
- Was macht mich zu einem guten Freund?
- Wie stärken meine Freunde meine Identität? Worauf weisen sie mich immer wieder hin?
- Trage ich Kritik an meinen Freunden in mir herum, die ich mich ihnen noch nicht zu sagen traute?

Liebe und Angst

Immer wieder habe ich bei meiner Arbeit als Coach festgestellt, dass es eigentlich nur zwei grundlegende Gefühle im Leben gibt: Liebe und Angst. Alle anderen Emotionen sind entweder eine Kombination oder eine Folge dieser Gefühlszustände. Liebe ist das Fundament des Lebens. Darauf ist alles errichtet. Es macht einen entscheidenden Unterschied, ob wir unsere Bedürfnisse aus einer Position der Liebe heraus angehen oder aus einer angstvollen Haltung. Wenn wir von Angst angetrieben werden, werden wir Liebe stets als etwas empfinden, das Einem von Anderen weggenommen werden kann. Und wir leben in der Angst, dass uns das, was wir schon haben, wieder weggenommen werden könnte. Wir sehen uns als von außen abhängig. Zermürbende Fragen quälen uns: »Bekomme ich eigentlich genug Aufmerksamkeit? Werde ich geliebt? Was muss ich tun, um (mehr) geliebt zu werden?« Angst erzeugt ein Gefühl der Knappheit, der Sorge, dass es niemals genug Liebe geben wird, um unsere Bedürfnisse zu decken. Angst ist eine negative Phantasie; eine negative Phantasie des eigenen Untergangs in einem Weltmodell der Knappheit.

Demgegenüber ist Liebe Überfluss und im Überfluss vorhanden. Sie multipliziert sich fortwährend: Je mehr wir geben, desto mehr Liebe existiert in der Welt und desto mehr erleben wir sie – beim Geben und bei den Auswirkungen des Gebens. Beim Geben fühle ich mich begütert, weil ich mich als Gebender erfahre. Eine »Ökonomie der Liebe« ist wie jede Ökonomie von den Parametern Überfluss oder Knappheit bestimmt. Wenn wir uns auf die Knappheit konzentrieren, erreichen wir vielleicht, wonach wir streben. Aber wir leben stets in der Angst vor dem Verlust beziehungsweise in der Angst davor, nicht genug zu haben. Wer dagegen Liebe als etwas im Überfluss Vorhandenes betrachtet und nicht als knappes Gut, der wird überall Liebe sehen und erleben. So entsteht eine ganz andere Ökonomie.

Psychologisch gesehen bewirkt dieser veränderte Fokus einen bedeutsamen Unterschied. Er hilft uns, sich auf das zu konzentrieren, was wir haben, und nicht darauf, was wir – vermeintlich im Gegensatz zu Anderen – alles nicht besitzen. Setzen wir unsere Möglichkeiten ein, erleben wir gleichsam *en passant* unseren Reichtum, wodurch wir uns selbst als materiell oder immateriell Begüterte erleben. So entwickeln wir mit der Zeit ein anderes, ein viel besseres Selbstwertgefühl bzw. Selbstbewusstsein. Kommt uns dieses Bewusstsein abhanden, machen uns Freunde darauf aufmerksam. Nicht, indem sie etwas tun, sondern indem sie etwas sind: Unsere Freunde, die Anwälte unserer Zukunft.

Die Liebe (eines Freundes) befreit uns von Neid und Missgunst, indem sie unseren Fokus auf unsere Möglichkeiten, auf unseren Reichtum in uns lenkt und uns so lehrt, dankbar zu sein dafür, wer wir sind. »What you see is what you get«, sagt die Wahrnehmungspsychologie und meint damit die Macht und das Potential, das in der Wahl eines sinnvollen Fokus liegt.

Die Energie folgt der Aufmerksamkeit. Das, worauf ich mich fokussiere, bestimmt, wohin meine Energie fließt. Wenn wir uns darauf fokussieren, wer wir wirklich sind, wird sich unser Bewusstsein, unsere Einstellung zu uns selbst verändern. Die Frage, die wir uns alle stellen können, lautet daher: Lenke ich meine Gedanken bewusst weg von der Angst, hin zur Liebe? Es ist eine Frage der eigenen Wahrnehmung. Wir können glauben, dass alles möglich ist, da all die Liebe, die wir dazu benötigen, bereits in uns ist, und all die Probleme, die wir haben, letztlich nur mangelndem Mut zu lieben entspringen. Mit Liebe beginnt das Leben, Liebe ist der Weg zum Leben, in Liebe mündet es und wächst damit. Das ist Wachstum. Dazwischen liegt lediglich ein psychologischer Coaching-Kniff.

Schon als kleiner Junge wollte ich stark und edel sein. Entsprechend enttäuscht war ich von mir immer wieder, wenn ich mich meinem Anspruch nach entsprechend verhielt und zum Beispiel auf dem Schulhof einem Kampf feige aus dem Weg ging. Ich habe meiner Mama von einem solchen Versagen vor den eigenen Maßstäben berichtet und ihre damalige Antwort hilft mir noch heute. Sie meinte: »Nur wenn Du Angst hast, kannst Du auch mutig sein. Wer keine Angst hat, weiß nicht, was Mut ist. Mut ist, wenn Du trotz Ängsten tust, was Du für richtig hältst.« Ich weiß, dass Ängste kein Zeichen von Feigheit sind. Trotz Unsicherheiten sich von Ängsten nicht dominieren zu lassen und den eigenen Überzeugungen gemäß zu handeln, ist dagegen ein Zeichen von echtem Mut.

Fragen zum täglichen Training

- Wer versucht gerade, mit mir eine Freundschaft aufzubauen?
- Versuche ich gerade, mit jemandem eine Freundschaft aufzubauen?

- Gibt es einen Bereich in meinem Leben, in dem Angst mich hindert, Sinnvolles zu tun?

Mangel

Unsere Zeit ist von einem klaren Mangel an Freundschaft gekennzeichnet. Im übertragenen Sinn gesprochen ist damit der Kern, der unsere Gesellschaft konstituiert und als ihr Immunsystem verstanden werden kann, geschwächt. Viele Menschen empfinden eine große Leere, die sie ebenso konsequent wie erfolglos mit der falschen Medizin – etwa mit der Intensivierung des Konsums als zentrale Freizeitbeschäftigung und Sinnstiftung, mit materiellem und immateriellem *Fast Food*, mit der Sexualisierung aller Lebensbereiche oder mit *Reality-shows* im Fernsehen behandeln. Sie erzeugen damit eine Illusion von Realität, welche als Projektionsfläche für das Bedürfnis nach echtem Leben und wahrer Leidenschaft dient. In Wahrheit können uns diese Heilmittel niemals zu unserer Bestimmung, zur Essenz unseres Lebens führen. Sie sind lediglich Ersatzdrogen und lenken uns von unserem eigentlichen Weg ab.

Die Essenz des Lebens ist die Liebe, und nur Angst hält uns davon ab, Liebe zu empfangen und zu geben. Liebe bedeutet, sich von der Angst zu lösen, sie hinter sich zu lassen. Ich bin davon überzeugt, dass die Menschheit bereits ausgestorben wäre, wenn wir nicht die Erfahrung der Liebe hätten. Jeder von uns trägt im Kern seines Selbst das Bedürfnis, zu lieben und geliebt zu sein.

Victor Hugo sagt: »Das höchste Glück ist die Überzeugung, dass wir um unserer selbst willen geliebt werden.« Aus diesem Bewusstsein erwächst die Kraft, allen täglichen Herausforderungen in diesem lebenspendenden Gefühl der Liebe zu begegnen und die Liebe zu pflegen. Darüber hinaus ist Liebe aber noch mehr, sie ist eine zutiefst humane und spirituelle Kategorie, weil sie die zwischenmenschlichen Beziehungen stärkt sowie über uns hinaus auf unsere Bestimmung hinweist. Genau dies tut auch der Freund.

Liebe ist immer schon da, bevor wir anfangen zu denken. Denn jede menschliche Handlung entspringt Phantasien, entweder der positiven Phantasie der Liebe oder der negativen Phantasie der Angst.

Sie können sich vorstellen, welche Ausgangslage mehr verspricht. Werden wir beispielsweise von jemandem herausgefordert, entscheiden wir, ob wir unsere Autorität und unser Selbstwertgefühl in Gefahr sehen. Handeln wir aus Liebe, werden wir uns nicht aufregen und defensiv werden, sondern ruhig und gelassen bleiben. Mehr noch: Wir werden durch die Herausforderung wachsen. Richtig verstanden ist Liebe eine Selbstdefinition, aus der konkrete Tätigkeiten und Gewohnheiten entspringen. Durch ständiges Praktizieren gestalten wir unsere Lebensführung unserer Essenz gemäß und werden so eins mit uns und unserem Leben. Ich bin je länger desto klarer der Ansicht, dass die Liebe das einzig Reale ist. Ihre Gegenspielerin, die Angst, lässt sich durchaus als das Maß der Abwesenheit von Liebe verstehen.

Wer das Gefühl der Liebe nicht kennt, sollte sich fragen, welche Hindernisse, welche negativen Phantasien der Liebe im Wege stehen und weshalb er seine Welt als feindselig empfindet. In Coachings fordere ich meine Klienten auf, tief in ihr Herz zu blicken. Denn die Antwort ist dort. Nicht selten werden sie dabei von ihren Gefühlen überwältigt und die eintretende positive Veränderung zeigt sich sogar körperlich. Für »harte Manager« sind solche Aufforderungen gewöhnungsbedürftig, aber es lohnt sich. Denn es geht darum, die »Handbremse zu lösen«: Ein liebender Mensch ist frei. Freiheit ist nur in der Liebe möglich.

Identität und ein freier Fluss von Liebe, also Abwesenheit von Ängsten, hängen eng zusammen. Dies sei am Beispiel eines Menschen gezeigt, der eine hohe Verantwortung trägt:

Einem Coaching-Kunden, neu in der Position eines CEO, werden entgegen seinen Erwartungen mangelnde Entscheidungsfreude und mangelndes Durchsetzungsvermögen nachgesagt. Er sei zu harmonieorientiert und habe langfristig nicht das Zeug dazu, die Unternehmung erfolgreich zu führen. Zwar sei er ein guter Banker, aber als Vorgesetzter doch am falschen Platz. Die Kollegen sprechen mit Bedauern darüber, sind dem Chef persönlich zwar nicht böse – weil er eben ein »Lieber« ist –, halten ihn aber in seiner Position für überfordert. Er selbst zweifelt an sich. Es herrschen Unordnung und Frustration. Alle Beteiligten sind unzufrieden, dabei wünscht sich der Chef doch nur, es allen recht zu machen und nicht abgelehnt zu werden.

Im Coaching merkt er schnell, dass er sich zu sehr von Ängsten leiten lässt. Für ihn ist diese Erkenntnis ein schmerzlicher und befreiender Moment gleichermaßen. Schmerzlich, weil er Reue darüber empfindet, so viele Gelegenheiten, sich und Anderen Liebe zu geben, verwirkt und hinter seiner Freundlichkeit eigentlich nur seine Unsicherheit verborgen zu haben. Befreiend, weil er blitzartig das Potential, das in ihm und dieser Situation steckt, erkennt und begreift, dass sein Umfeld seiner Autorität bedarf, die er ihm vorenthalten hatte – eben aus Angst. Die Überzeugung, »Liebe zum Wohle aller« drücke sich unter anderem im Fordern, im Ordnen und in Strenge als einer Form des Glaubens an die gemeinsame Aufgabe und Zukunft aus, verändert sein Verhalten nachhaltig. Nachhaltig deshalb, weil er sein Verhältnis zu sich selbst verändern konnte. Seine Motivation der Liebe, die das Gute für das Ganze erreichen will, gibt ihm die innere Freiheit, auch Unpopuläres umzusetzen und hat ihn seiner wirklichen Identität und seiner Autorität einen entscheidenden Schritt näher gebracht. Sein Bankhaus entwickelt sich seither sehr erfreulich.

Vielleicht spüren Sie einen inneren Widerstand, das Wort »Liebe« im Business-Kontext anzutreffen oder gar zu verwenden. Lesen Sie diesen Abschnitt noch einmal und ersetzen Sie einfach das Wort »Liebe« durch das Wort »Wertschätzung«.

Frage zum täglichen Training

- Wie viel Zeit investiere ich regelmäßig in die Pflege von Freundschaften?

Bleibendes

Liebe schafft ein Umfeld, in dem Menschen ihre Identität zu bejahen lernen. Dies zeigt uns Henry Nouwen, ein katholischer Priester und Professor für Theologie und Psychologie aus den Niederlanden. Nouwen war als Person schon zu Lebzeiten ein beeindruckendes Beispiel für ein aus Liebe fließendes Handeln und die positive Wirkung von Freundschaft. Seine Geschichte soll hier als besonders anschauliches Beispiel dienen:

Henry Nouwen erzählt, er habe seine wahre Berufung, die ihm zu einer lebenslangen Mission wurde, in der Arbeit mit geistig behinderten (wie wir es nennen) Erwachsenen entdeckt. Diese Menschen sind im wahrsten Sinne des Wortes unkonventionell, da sie keine regulierenden gesellschaftlichen oder sprachlichen Konventionen kennen. Sie fühlen etwas und bringen ihre Gefühle unmittelbar zum Ausdruck. Sie empfinden ein Bedürfnis nach etwas und fragen sofort danach. Sie haben einen unverblümten Umgang mit ihren Bedürfnissen; direkter, ehrlicher und authentischer geht es wohl kaum. Einmal kommt eine von Nouwens Patientinnen in einer Gruppensitzung weinend auf ihn zu und fragt: »Bin ich schön?« Er sieht sie an und erwidert: »O ja, Sie sind sehr, sehr schön!« Da bildet sich plötzlich eine ganze Schlange von Patienten und einer nach dem anderen fragt ebenfalls: »Bin ich schön?« Alle sind gerührt. Am meisten Nouwen selbst, als er am Ende der Schlange ankommt und seinen Bodyguard erkennt, ein großer, starker Football-Spieler, der nun wie alle anderen zu seinem Bedürfnis steht, Liebe zu empfangen und unter Tränen fragt, ob er denn auch schön sei. Das Wesentliche, die Liebe, wird sichtbar. Alle Unterschiede zwischen behinderten und nicht behinderten Menschen, die vorher so augenfällig waren, verschwinden aus dem Blickfeld.

Jeder steht zu seinem authentischen Bedürfnis nach Liebe. Dadurch verschwinden künstliche Grenzen zwischen den Menschen und geben den Blick frei für das Wahre, Substanzielle und die Möglichkeiten, dieses Wahre zu leben. Beim Lieben wird der Gebende »automatisch« zum Beschenkten.

Fragen zum täglichen Training

- Wie könnte mein nächster mutiger Schritt der Liebe aussehen?
- (Wie) Drücke ich Dankbarkeit für meine Freunde und für mich selbst aus – täglich?

Freundschaft gestaltet

Unser Leben ist mehr als unser Leben. Es wird durch weit mehr bestimmt als die familiären und verwandtschaftlichen Bindungen, denen es entstammt und in die es eingebettet ist. Wir sind immer auch für Andere da, falls uns der Blick für das Wesentliche noch nicht abhandengekommen ist. Für ein Baby etwa werden wir immer Sympathie empfinden, egal woher es kommt, denn wir sind Beziehungswesen und wir lieben es instinktiv. Wir sind alle das Ergebnis von Beziehungen, die einen Ort des Lebens und des Wachsens bilden. Leben ist ein soziales Netzwerk. Ohne Beziehungen ist keine Freundschaft und somit auch kein Leben denkbar. »Ein Leben ohne Musik ist ein Irrtum«, schrieb Nietzsche. Eines ohne Beziehungen ist undenkbar. Zwischenmenschliche Beziehungen bereichern die menschliche Existenz. Wer lausige Beziehungen unterhält, führt ein lausiges Leben. Starke Beziehungen dagegen machen stark. Sie helfen außerdem, sich trotz harter Schicksalsschläge die Freude am Leben zu bewahren.

Beziehung ist der Ursprung und der Ausdruck unseres Lebens. Im Leben wirken Beziehungen wie ein Vergrößerungsglas. Wer sich als Mensch entwickeln will, muss daher seine sozialen Fähigkeiten entwickeln. Wer mir als Coach oder Psychologen gegenüber behauptet, er habe ernsthaft an seiner Persönlichkeit gearbeitet, gleichzeitig aber nicht benennen kann, welchen Mitmenschen diese Anstrengungen in welcher Form zugute gekommen sind, der macht sich etwas vor. Gelungene Persönlichkeitsentwicklung zeigt sich immer in einer positiv veränderten Qualität von Beziehungen zu anderen Menschen.

In Unternehmenskulturen wird immer häufiger die Entwicklung der *Soft Skills*, des sinnvollen Umganges der Menschen untereinander, gefordert. Dabei ist es offensichtlich, dass das wichtigste »Instrument«, das den für die Unternehmenskultur verantwortlichen Führungskräften zur Verfügung steht, deren eigene Person ist! Will jemand seine Wirkung verbessern, wird er erst das Augenmerk auf seine eigene Person lenken müssen, denn die wirkt ständig und tief. Persönlichkeitsentwicklung ist deshalb der Antrieb für alle sogenannten »sozialen Kompetenzen«.

Was macht nun eine großartige Beziehung aus? Sie wirkt unmittelbar erfrischend und stimulierend und steigert die Freude am Leben. Sie vermag aber noch mehr. Eine großartige Beziehung stärkt unsere eigene Identität und erinnert uns daran, dass unsere Identität mehr ist als das, was wir im Moment über uns wissen.

Jeder Mensch ist immer auch charakterisiert durch sein Potential, durch das, was er noch nicht ist, aber sein kann und sein wird. Identität besteht folglich immer in Gegenwart und Zukunft zugleich. Die Beziehung zu einem Freund eröffnet den Weg zu dieser positiven Zukunft, weil der Freund, meist intuitiv, von diesen Möglichkeiten her auf uns zukommt – als Botschafter und Anwalt der Zukunft, wie wir bereits gesehen haben.

Fragen zum täglichen Training

- Wie sehe ich die Begabungen und die Zukunft meiner Freunde?
- Bin ich mir meiner Bestimmung bewusst? Wie sehen meine Freunde meine Begabungen? Wie sieht meine Zukunft aus?
- Habe ich gute Beispiele von Freundschaft in meiner Familie? Wie gehen diese Menschen miteinander um?
- Welchen Einfluss habe ich auf meine Freunde?
- Welchen Einfluss haben meine Freunde auf mich?

Freundschaft hofft

Der Mensch ist das einzige Lebewesen auf diesem Planeten, dessen Schicksal nicht nur von seiner Vergangenheit und Gegenwart abhängt, sondern auch von seiner Zukunft. Wie ist das zu verstehen? Die Art, wie ich meine Zukunft sehe, die Vorstellung davon, was kommen mag, woran ich glaube – das ist das Bindeglied zwischen Gegenwart und Zukunft. In der Gegenwart bezeichnen wir diesen Glauben als Hoffnung.

Es ist das Wesen der Hoffnung, sich stets auf Zukünftiges zu beziehen. Ein Mensch voller Hoffnung unterscheidet sich daher grundlegend von einem Menschen ohne Hoffnung, selbst wenn ihrer beider Leben ansonsten identisch ist: Ein Mensch ohne Hoffnung in der Gegenwart ist ein Mensch ohne Zukunft. Dabei spielt es keine Rolle, dass niemand die Zukunft vorhersagen kann und für alle Menschen gleichermaßen gilt: Die Zukunft ist ungewiss, aber gewiss ist, dass sie kommen wird.

Vergangenheit und Zukunft eines Menschen sind in mehrfacher Hinsicht miteinander verknüpft. Die Vergangenheit eines Menschen wirkt auf seine Zukunft: Rückblickend betrachtet ist die Vergangenheit immer auch die Folge seines Verhältnisses zu seiner Zukunft, genauer gesagt eine Konsequenz seiner Hoffnung auf eine offene, gestaltbare Zukunft, auf die zuzugehen sich lohnt. Besonders eindrucksvoll ist dies in Viktor Frankls Buch »… trotzdem Ja zum Leben sagen« beschrieben. Es ist der erschütternde Bericht des Neurologen, Psychiaters und Begründers der Logotherapie und der Existenzanalyse über seine Zeit im KZ. Viktor Frankl (1905 – 1997) hatte zunächst Medizin und Philosophie an der Universität Wien studiert. Nach Promotion und Facharztausbildung in Neurologie war er als Leitender Arzt in einem Psychiatrischen Krankenhaus tätig. Frankl war Jude und hatte sich bereits ein Ausreisevisum beschaffen können, blieb aber 1938 seinen Eltern zuliebe in Wien. Dort arbeitete er fortan im jüdischen Rothschild-Spital, da ihm die Behandlung »arischer« Patienten untersagt war. 1942 wurde das Spital aufgelöst und Frankl und seine Familie wurden nach Theresienstadt deportiert. Er verbrachte drei Jahre in vier Konzentrationslagern. Im April 1945 erfuhr er, dass außer seiner nach Australien emigrierten Schwester seine ganze Familie in den Konzentrationslagern umgekommen war.

Frankl wurde bis zum Ende seines Lebens nicht müde zu betonen, dass er in extrem hoffnungslosen Situationen im Konzentrationslager Trost und Hoffnung im Vorgriff auf die Zukunft fand: »Da stelle ich mir vor, ich stünde an einem Rednerpult in einem großen, schönen, warmen und hellen Vortragssaal und sei im Begriff, vor einer interessierten Zuhörerschaft einen Vortrag zu halten unter dem Titel ›Psychotherapeutische Erfahrungen im Konzentrationslager‹ und ich spräche soeben gerade von alldem, was – ich soeben erlebe.« Was er sich also als seine Zukunft positiv vorzustellen entschied, entfaltete in ihm die Kraft, trotz der Ermordung seiner Familie zu leben – und schließlich dadurch unsere Welt nachhaltig zu bereichern.

Frankl ist ein einleuchtendes Beispiel für die Kraft, die aus der Hoffnung erwächst, dass sich die Zukunft lohnen wird, weil darin meine Bestimmung zum Blühen kommen wird und auf diese Weise alles Gegenwärtige, auch das Allerschwierigste, in diesem Lichte erträglich wird. Das ist gelebte Freundschaft mit sich selber.

An die Zukunft zu glauben stärkt die Identität und nährt die Gewissheit, dass das Beste im Leben erst noch kommt. Freundschaft gestaltet Leben, ist eine lebensbestimmende, ermutigende Kraft. Mit Hilfe eines Freundes, der nicht nur weiß, woher sie kommt, sondern auch, wohin sie sich entwickeln will, entfaltet sich eine Identität, die sich ihrer Herkunft und ihren entsprechenden Ressourcen bewusst wird und die die

Gegenwart mutig zur Gestaltung einer viel versprechenden Zukunft nutzt.

Fragen zum täglichen Training

- Betrachte ich mich jetzt schon so, als wäre ich, wie ich sein sollte und sein könnte?
- Behandle ich meine Nächsten (in Familie oder Berufsleben) so, als wären sie schon, wie ich sie sehe?
- Wie ermutige ich meine Freunde, an ihre Möglichkeiten zu glauben?
- Wie bringe ich mein Vertrauen in meine Freunde und in ihre Zukunft zum Ausdruck?

Freundschaft vertraut

Zunächst vertraut ein Freund seinem Freund. Diese erste Form von Vertrauen gleicht einer Investition. Es kostet ihn etwas, weil es auch schiefgehen könnte. Wenn dann aus dieser Investition gute Erfahrungen entstehen, lassen diese Erfahrungen Vertrauen wachsen. In der Bibel findet sich eine Geschichte über Freundschaft, die das Prinzip Hoffnung und das Prinzip Vertrauen als Kern von Freundschaft wunderbar beleuchtet. Vier Freunde wollen einen Kranken zu Jesus bringen, damit dieser ihn heile. Aber sie können nicht zu Jesus vordringen, da er von einer Menschenmenge umringt ist. Der Kranke ist zudem bettlägerig und kann nicht laufen. So tragen die Freunde ihn mit seinem Bett auf das Dach eines Hauses, damit er Jesus sehen kann. Jesus ist beeindruckt: »Dein Glaube hat Dich geheilt.« Der Mann ist geheilt, steht auf, geht und trägt sein Bett mit sich.

Nun drängt sich die Frage auf: Wessen Glaube hat ihn geheilt? Waren es nicht vielmehr die vier Freunde, die den Glauben an den Kranken nicht verloren hatten? Genau betrachtet heilte Jesus den Kranken auf Grund des Glaubens der vier Freunde. Ralph Waldo Emerson schrieb hierzu: »Die Herrlichkeit der Freundschaft besteht nicht in der ausgestreckten Hand, weder im freundlichen Lächeln noch in der Freude über die Kameradschaft. Es ist die spirituelle Inspiration, die entsteht, wenn man entdeckt, dass jemand anderes an einen glaubt und bereit ist einem zu vertrauen.« Wir wissen aus Erfahrung, dass ein starker Glaube Berge versetzen und ergo auch heilen kann. Vielleicht werden Menschen häufiger auf Grund des Glaubens und des festen Vertrauens von Freunden geheilt, als uns bewusst ist.

Frage zum täglichen Training

* Was habe ich zu geben? Was könnte ich mehr geben?

Freundschaften bauen

Willst Du einen Menschen für Deine Sache gewinnen,
musst Du ihn davon überzeugen, dass Du sein
aufrichtiger Freund bist.
Abraham Lincoln

Manche Menschen gehen zu einem Priester, andere
zu einem Poeten. Ich gehe zu meinen Freunden.
Virginia Woolf

Freundschaft bauen und erhalten

Bauen ist ein technischer Begriff. Wenn ich von »Impulsen zur Wiederbelebung einer verlorenen Kunst« spreche, meine ich das Handwerk diesseits der Kunst, also die Grundvoraussetzung für sie und nicht schon die Kunst selbst. Doch für die Entfaltung der Kunst ist die Hingabe des Künstlers an sein Handwerk unabdingbar. Im kontinuierlichen Anwenden und Üben transzendiert er sein Handwerk zur eigentlichen Bestimmung hin, zur Kunst.

Dieses Kapitel beschreibt das Bauen der Freundschaft, das ebenso wie das Erhalten ein bewusstes Wollen voraussetzt, auch wenn wir Freundschaft oft als Geschenk wahrnehmen, das ohne Absicht und Anstrengung zu uns gelangt. Das anschließende Kapitel ist dem Erhalten von Freundschaft gewidmet, und es sei jetzt schon der Hinweis erlaubt, dass der bewusste Zweischritt von Bauen und Erhalten dem Missverständnis vorbeugt, Freundschaft sei kaum pflegebedürftig, da das Gute gleichsam gegeben sei. Obgleich Freundschaften nicht »geleistet« werden können, gleichen sie – bildlich gesprochen – in ihrer Funktion als Verbindung zwischen zwei Einheiten (Freunden) einer Brücke. Es ist offensichtlich, dass gute Absichten, die zum Bau geführt haben, ebenso wie die sinnvolle und hoffentlich rege Nutzung der Brücke gerade kein Argument gegen eine gezielte Pflege dieser Brücke liefern, beziehungsweise diese Pflege nicht ersetzen können.

Seit Descartes bestimmt das Denken das Sein: »Cogito, ergo sum.« »Ich denke, also bin ich.« Aber es sind zwei Paar Schuhe, über Freundschaft nachzudenken beziehungsweise zu sprechen (oder jemanden einen Freund zu nennen) und tatsächlich jemandem ein Freund zu sein. Es geht also nicht primär um das Nachdenken über Freundschaft, sondern um das konkrete Tun. Wie also schließen wir Freundschaft mit einem Menschen – egal ob älter oder jünger, Mann oder Frau, Mitarbeiter oder Kunde? Dieses Kapitel gibt hilfreiche Tipps und Handlungsempfehlungen, wie wir die Kunst der Freundschaft praktisch erlernen und täglich üben können.

Am Anfang steht der Wille. Nicht nur in diesem Lebensbereich, sondern ganz grundsätzlich habe ich in meinem Beruf als Coach festgestellt, dass der Wert des Denkens für den Erfolg überschätzt wird. Viel wesentlicher ist der Wille. Deshalb stehe ich auch für die extrem starke Aussage: Volo, ergo sum.

»Ich will, also bin ich.« Dies gilt für alle Bereiche in unserem Leben, also auch für unsere Rolle als Freund. Das Wollen macht den Unterschied zwischen Sein und Nichtsein. Denn erst der Wille involviert die Emotionen, hilft beim Ausbruch aus dem gewohnten Trott, kreiert Neues, ermöglicht die Übernahme persönlicher Verantwortung und überwindet die Angst vor dem Scheitern. Im Wollen steckt immer auch das Risiko des Scheiterns, auch des Scheiterns als Freund. Dieses Risiko müssen wir aber vor dem Hintergrund der eigenen Überzeugungen, Visionen und Werte in Kauf nehmen. Im Wollen setzen wir auf das Gute. Wenn auf unser Wollen konkretes Handeln folgt, wird der Unterschied für uns selbst und Andere sofort erlebbar.

Ist der Wille vorhanden, können wir Freundschaften schließen – auf Grund von gemeinsamen Werten, Vertrauen in den Anderen, positiven Gedanken und positiver Sprache. Und nicht zuletzt durch praktizierte Vergebung. Dieser letzte Aspekt scheint mir so wichtig, dass ich ihm bewusst ein eigenes Kapitel gewidmet habe.

Das Rezept. Und seine Zutaten

Bleiben wir beim Technischen: Es gibt tatsächlich ein »Rezept«, um Freundschaften zu »bauen«. So seltsam das klingen mag, doch ich habe in meiner Arbeit als Coach und Trainer immer wieder erlebt, wie eine bestimmte Kombination von persönlichen Einstellungen beziehungsbauend und -erhaltend wirkt. Es ist wichtig zu betonen, dass bei diesem »Rezept« der Einzelne befähigt wird, Beziehungen aufzubauen und zu erhalten. Viele Menschen denken, in einer Freundschaft »komme es auf beide an«. Aber dies ist ein Irrtum, der in seiner Konsequenz gefährlich ist. Denn wenn etwas schiefläuft, meint man damit in der Regel den Anderen. Die Gefahr der Selbst-Entschuldigung liegt auf der Hand – und schon sind wir in einer unguten Entwicklung.

Es ist gerade umgekehrt so, dass beide Involvierten nötig sind, um einen Stillstand zu erreichen. Wenn man Fortschritte verhindern will, müssen beide stehen bleiben. Dagegen genügt einer, der sich bewegen will, um das ganze System in Bewegung zu halten. Aber was soll diese Person tun, um die Beziehung aktiv und eigenverantwortlich zu gestalten und zu erhalten?

Diese Elemente der freundschaftsbildenden Qualität können in einer Formel abgebildet werden:

$$\text{Einfühlsamkeit} \times \text{Echtheit} \times \text{Wertschätzung} + \text{Vision der Bestimmung} = \text{Freundschaft}$$

Dabei können wir auf keines dieser Elemente verzichten. Alle drei sind wichtig. Fehlt auch nur eines, können die anderen zwei weit entwickelt sein und trotzdem wird das Ergebnis unbefriedigend bleiben. In jedem Falle wird mangelnde Einfühlsamkeit oder mangelnde Echtheit meines Gegenübers von mir als mangelnde Wertschätzung meiner Person interpretiert. Darauf kann ich auf drei Arten reagieren:

Entweder werde ich mich dieser mangelnden Wertschätzung durch Gleichgültigkeit entziehen oder mich dieser Geringschätzung als Urteil fügen (d. h. mich selbst entwerten) oder zum Gegenangriff blasen und aggressiv werden. In allen drei Fällen entsteht alles andere als Freundschaft. Es ist wichtig zu betonen, dass jede dieser Eigenschaften völlig unabhängig von den Leistungen meines Gegenübers ist.

Einfühlsamkeit. Eintreten in die neue Welt

Einfühlsamkeit hängt nicht vom Interesse ab, das ich für mein Gegenüber aufbringe, sondern fördert dieses geradezu. Selbstverständlich ist es leichter, mich einzufühlen, wenn mein Gegenüber mir interessant erscheint. Dabei gehe ich dann aber von meinem Bedürfnis aus, nämlich dem Interesse. Bei der Einfühlsamkeit hingegen sagt mir mein Gegenüber, ob ich einfühlsam war, ob ich es als Person in seiner Welt verstanden habe oder nicht. Einfühlsamkeit ist also der erste Schritt zum Brückenschlag: Ich will die Welt meines Gegenübers besuchen, mich in ihr umsehen und mit ihr vertraut werden. Einfühlsamkeit ist eine Einstellung, eine Haltung, die nur von meinem Willen abhängig ist. Selbstverständlich wird sie gefordert, erschwert oder auf die Probe gestellt durch äußere Umstände wie Stress, Hektik, negative Erfahrungen oder durch innere Variablen wie Tagesform, Absicht, Hoffnung und dergleichen. Im Endeffekt bleibt es aber bei der Tatsache, dass es sich um meine Entscheidung handelt, ob ich einfühlsam bin oder nicht. Volo, ergo sum.

Dank der Empathie sind wir im Stande, Dinge zu erspüren, die wir selber nicht erlebt haben. Wir lernen auch indirekt. Das ist eine unerhörte Fähigkeit des Menschen, die ihn gegenüber allen anderen Wesen in seinem Lernpotential heraushebt. Wir wissen aus der Hirnforschung, dass im Gehirn Dinge, die wir hören, die ein anderer Mensch erlebt hat, abgebildet werden und wir so gleichsam echt fühlen, was der andere gefühlt hat. Dieses Miterleben ist viel mehr als ein Erklären; es heißt, dass eine echte Verbindung, eine Brücke, eine Gemeinschaft entstanden ist! Einfühlsamkeit sucht nach Gemeinsamkeiten.

Echtheit. Einladen in die eigene Welt

Ich allein entscheide darüber, wie echt ich bin. Echtheit ist die Bereitschaft, sich ganz auf den Moment und die Begegnung einzulassen und sich zu zeigen. Man wird gleichsam nackt und gibt sich zu erkennen. Wenn ich echt bin, gehe ich ein großes Risiko ein: Ich könnte von meinem Gegenüber auch abgelehnt werden.

Zugleich ist Echtheit auch der Antagonist zur Einfühlsamkeit, indem ich nicht nur mein Gegenüber gut kennenlerne, sondern auch mich selbst in die Beziehung hineingebe.

Einfühlsamkeit und Echtheit sind die Garanten der Präsenz. Nicht nur der meinigen, sondern auch derjenigen meines Gegenübers! Immer wenn mein Gegenüber – sei es nun eine Einzelperson oder eine ganze Gruppe – Mühe hat, aufmerksam meinen Ausführungen zu folgen, weiß ich mit Bestimmtheit, dass ich nicht ganz echt, nicht ganz authentisch bin. Demgegenüber kann ich die Aufmerksamkeit meiner Zuhörer erhöhen, indem ich Dinge erzähle, die mir selbst zu Herzen gegangen sind.

Das Geheimnis der »Präsenz«

Einfühlsamkeit ist mein völlig legales »psychologisches Amphetamin«, das meine Wachsamkeit steigert. In dem Maße, wie ich meine Einfühlsamkeit in Bezug auf mein Gegenüber aufdrehe, werde ich wach. Bin ich in einem Gespräch also etwas müde und abgelenkt, weiß ich, dass ich meine Einfühlsamkeit erhöhen muss.

Echtheit ist der Weg zur Leidenschaft. Ist meine Leidenschaft eingeschlafen, sei es in meiner Partnerschaft, sei es im Verhältnis zu meiner Arbeit, ist dies immer ein Zeichen, dass ich nicht genügend Echtheit an den Tag lege und zu mir selbst zu wenig Kontakt habe. In der Echtheit zeige ich oder suche ich nach meiner Einzigartigkeit, also nach Verschiedenheiten. Ich bekomme Konturen und Profil, ich werde greifbar und dadurch angreifbar.

Die direkten Konsequenzen von Einfühlsamkeit und Echtheit sind Wachheit und Achtsamkeit, sich selbst und dem Partner gegenüber. So entsteht ein integraler Kontakt. Zugleich erfüllen diese beiden Einstellungen zwei lebensnotwendige und zueinander in Spannung stehende Grundbedürfnisse jedes einzelnen Menschen, nämlich diejenigen nach Zugehörigkeit und nach Einzigartigkeit. So lautet das Rezept für Präsenz: Einfühlsamkeit und Echtheit.

Das Elixier des Lebens: Wertschätzung

Was hat nun die Wertschätzung alledem noch hinzuzufügen? Die Antwort ist: Wertschätzung ist das, worum es eigentlich geht. Um hier gleich echt zu sein: Wertschätzung ist im Grunde ein anderer Ausdruck für Liebe. Es geht immer um Liebe. Wertschätzung klingt etwas weniger abgehoben, etwas psychologischer oder technischer, weniger verfänglich. Aber um die Liebe geht es! Ihrer bedürfen wir, im aktiven genauso wie im passiven Sinne. Wir müssen lieben und geliebt werden, um seelisch überleben zu können. Liebe ist das Lebenselixier.

Jedes Problem kann mit einem mutigen Schritt der Liebe angegangen werden. Jede Form von reiner Sachlichkeit ist dagegen – wenn wir nicht gerade in einer absoluten Notsituation sind – eine Flucht vor der ganzheitlichen Realität, weil so eben nur ein – meist kleiner – Ausschnitt des Ganzen erfasst wird. Da es sich bei der Liebe um die Essenz des Lebens handelt, ist es keine Frage, woher man sie nehmen soll, wenn man zu wenig hat. Lieben heißt mit dem Wunder der Schöpfung in Beziehung treten, heißt Dankbarkeit entwickeln, heißt Bewusstseinserweiterung. Gerade in der Liebe wird eine »himmlische Ökonomie« sichtbar: Im Unterschied zur »irdischen Ökonomie«, in der wir nur geben können, was wir besitzen, kann man in der »himmlischen Ökonomie« gerade auch geben, was einem selber fehlt. Habe ich zu wenig Aufmerksamkeit, kann ich mehr davon geben. Bekomme ich zu wenig Lob, kann ich mehr loben. In der Praxis lautet also die Frage nicht: Woher soll ich Liebe nehmen? Sondern: Was blockiert deren freien Fluss?

Kommunikation ist die Blutbahn der Seele. Sie bringt die Essenz des Lebens, die Liebe, an ihre Bestimmungsorte. Die Vehikel dafür sind Einfühlsamkeit und Echtheit – es braucht beide gleichzeitig. Daraus folgt: Jede Kommunikation, sei sie noch so beiläufig, klein oder scheinbar unbedeutend, ist immer entweder ein Ausdruck von Liebe oder ein Schrei nach Liebe.

Schreien zwei Menschen gleichzeitig nach Liebe, findet eine Eskalation der Emotionen statt. Die Beteiligten gleichen dann zwei Hungernden, die sich um die immer knapper werdenden Nahrungsmittel streiten und entsprechende Ängste haben bzw. produzieren. Jeder denkt nur noch an sich und meint, seinen Bedarf nicht decken zu können. Der Andere erkennt, dass sein Gegenüber nur noch an sich denkt und sieht sich in seinen Ängsten bestätigt, dass der nichts für ihn zu tun gewillt ist. Ein Teufelskreis entsteht.

Umgekehrt kann eine Eskalation der Situation vermieden werden, indem – nur! – einer dem anderen Hungernden zu essen gibt und im Geben erfährt, dass er selbst mehr bekommt.

Der oben beschriebene Teufelskreis ist auch deshalb gefährlich, weil die eigentlichen Absichten der Kommunikation nicht mehr zu ihrem Ziel gelangen. Diese zwei Grundabsichten der Kommunikation sind:

1. Es geht immer darum, einen Empfänger, ein Publikum mit einer Botschaft zu erreichen und so Einfluss auf die Welt des Empfängers auszuüben.

2. Es geht immer um die Darstellung meiner Welt, also um Selbstdarstellung.

In unserem Kulturkreis wird in der Regel viel Zeit dafür verwendet, diese Selbstdarstellung »bescheiden« zu gestalten, was ironischerweise viele Ressourcen bindet. Weil wir nun wissen, dass es beim Kommunizieren stets um die Essenz des

Lebens, um die Liebe geht, können wir die zwei Grundabsichten der Kommunikation tiefer erklären und neu definieren:
1. Es geht immer darum, Liebe zu einem Empfänger auszudrücken, und:
2. Es geht immer um die Liebe zu mir selbst.

Werte bereichern. Werte schaffen

Die Zeit, die ich mit einem Freund verbringe, bereichert mich. Sie versorgt mich mit positiver Energie. Und zwar umso mehr, je mehr uns gemeinsame Werte verbinden. Die Entwicklung und Pflege gemeinsamer Werte und Vorstellungen legen die Grundlage für eine reiche Freundschaft. Auf diesem Weg kommen wir durch den Freund in Kontakt mit unserem »Höheren Selbst«. Der Freund ist quasi der Hüter unseres Höheren Selbst. Die Widrigkeiten unseres Alltags bilden dabei nur Etappen unserer Reise zu uns selbst, auf der wir wachsen.

Albert Camus bringt es auf den Punkt: »Was uns den Weg versperrt, bringt uns weiter.« Mein Freund erinnert mich daran, dass ich gerade in Schwierigkeiten die Chance habe, zu meinem Kern zu finden. Ein sicheres Zeichen dafür ist, wenn Beiträge zu einem größeren Ganzen entstehen und ich einen Mehr-Wert für unsere Gesellschaft schaffen kann. Als Freund ist für mich das Entscheidende, dass ich zur Bestimmung meines Freundes etwas beitrage. Ich muss seine Bestimmung mittragen können.

Gelingen kann dies jedoch nur, wenn wir in unseren Beziehungen einen ausgeglichenen Energiefluss haben. Leider treffen wir immer wieder auf Menschen, die uns unserer Energie berauben, die uns förmlich aussaugen (wollen). Ein Freund dagegen belastet unsere Energiebilanz nicht. Im Gegenteil, auch in schwierigen Momenten hält auf beiden Seiten das Gefühl an, in Geist und Seele genährt zu werden.

Unsere Werte sind Wegweiser zu unserer Bestimmung und schützen uns vor Abwegen. Unsere Vision wiederum, also die Vorstellung von uns und unserem Leben in der Zukunft, ist eingebettet in Zeit und Raum. Unsere Werte dagegen sind zeitlos, müssen aber mit unserer Vision im Einklang stehen. Die Vision steht für das Zukünftige und wird somit von der Zukunft in die Gegenwart geholt – am besten mit der Hilfe des Freundes. Die Werte andererseits entstammen unserer Gegenwart und Vergangenheit und geleiten uns in unsere Zukunft.

Die lapidare Aussage »Mein Freund kann nur sein, wer dieselben Werte lebt wie ich,« würde dabei zu Missverständnissen führen. Wir können durchaus unterschiedliche Werte haben, zum Beispiel solche, die einander ergänzen. Unterschiedliche Werte beeinträchtigen das Schließen einer Freundschaft nicht, solange sie einander nicht entgegenstehen, widersprechen oder ausschließen, also den Weg zum Höheren Selbst blockieren. In jenem Fall werde ich mit einem Menschen keine echte Freundschaft eingehen können.

Es ist viel zu lesen über die Kraft und die Notwendigkeit des positiven Denkens und einer positiven Sprache. Die Ratgeberliteratur ist angefüllt mit immer neuen Variationen der alten Erkenntnis, dass der Glaube Berge versetze. Positive Sprache gibt den Menschen Hoffnung.

Insofern sind positives Denken und Sprechen Folgen eines positiven Glaubens. Die spirituelle Reife einer Person kann folglich daran gemessen werden, wie positiv die Gedanken, das Sprechen und Wirken eines Menschen in objektiv misslichen Umständen bleiben. Dies gleicht einem spirituellen Bankkonto: Wir brauchen ein Guthaben, das die Widrigkeiten des Alltags, sozusagen die Ausgaben, deckt.

Freundschaft kommt vom und führt zum Happy End

Freundschaft zu schließen setzt die Fähigkeit voraus, einem Menschen zu vertrauen und an ihn zu glauben. Unser Verhalten bringt dabei unsere Wertvorstellungen zum Ausdruck. »Was kann ich tun, damit Du das Beste aus Dir herausholen kannst?« Eine solche Haltung einem Freund gegenüber ist nur möglich, wenn wir an ihn glauben. Goethes Satz »wenn man die Menschen behandelt, wie sie sind, werden sie schlechter. Wenn man sie dagegen behandelt, wie sie sein sollten, hilft man ihnen dabei, zu werden, was sie sein könnten« kann hier ein zweites Mal wegweisend sein: Einen Freund behandelt man folglich stets so, als sei er der beste Mensch auf der Welt.

Mein erster Kickboxlehrer beispielsweise war einfach nur streng, zu streng, so dass ich nahe daran war, diesen Sport aufzugeben. Mein zweiter Kickboxlehrer hingegen begegnete mir mit der Haltung eines Freundes: »Ich kann Dir dabei helfen, besser zu werden als ich selbst bin.« Diese Haltung steht für Vertrauen und Glauben in das Gegenüber. Das ist Freundschaft. Eine andere wundervolle Geschichte über Freundschaft ist das Musical »My Fair Lady«: Der frauenfeindliche Junggeselle und Linguist Professor Higgins nimmt die Herausforderung an, einem einfachen Blumenmädchen mit breitem Cockney-Akzent binnen sechs Monaten Manieren und korrektes Oxford-Englisch beizubringen. Er will sie in die High Society einführen, ohne dass jemand etwas von ihrer »unpassenden« Herkunft bemerken soll. Ihr Debüt auf dem Botschaftsball wird für sie zum persönlichen Triumph und sie gewinnt die Liebe ihres Lehrers. Gleichzeitig spürt sie, dass auch er sich verändern und wachsen muss, wenn ihre Liebe Bestand haben soll. Sie glaubt an ihn, bleibt bei ihm und lehrt ihn zu lieben, auch gegen seinen vergangenheitsbezogenen

Widerstand. Sie sieht seine Möglichkeiten, seine Zukunft und behandelt ihn entsprechend.

Beinahe alle positiven Beziehungsgeschichten (»Pretty Woman« ist ein weiteres Beispiel) haben diese Dynamik: Einer der Protagonisten sieht in seinem Gegenüber plötzlich viel mehr, als objektiv schon vorhanden ist, und weist ihn darauf hin, bis dieser selber daran glaubt. So entsteht wahre Liebe, die über den Moment hinausweist, indem sie die Beteiligten mit ihrem Höheren Selbst in Verbindung bringt. Am Ende sind wir gewiss, dass sie fortan glücklich zusammenleben werden, weil sie sich verwandelt haben und diesem Höheren Selbst gemäß leben werden.

Wir sind soziale Wesen

Mit der Geburt erben wir unseren kulturellen, sozialen und historischen Hintergrund, das Familienmilieu sowie soziale Verpflichtungen. Dieser gesamte Kontext hat enormen Einfluss auf uns. In Bezug auf die Entwicklung zu unserem Höheren Selbst und auf Freundschaft lautet dabei die Kernfrage: Wie können wir das uns bisher Bestimmende würdigen und in unsere Bestimmung, ins Zukünftige transformieren? Die buddhistische Lehre beschreibt diesbezügliche Emanzipationsbemühungen als »Erwachen zur Erfahrung des Erwachens«. Das bedeutet: Wir sollen uns der Tatsache bewusst werden, Wahlmöglichkeiten zu haben. Es geht auch anders, oder präziser: Wir können auch anders. Durch die Geburt in das Leben hineingeworfen, geht es zunächst »nur« ums Überleben. Aber um unser Leben mit Begeisterung anzunehmen und permanent zu bereichern, muss uns klarwerden, dass unser Leben von viel weiter her kommt und viel weiter reicht, als wir aus unserer beschränkten Überlebensperspektive wahrnehmen. Unser Leben beinhaltet weit mehr als eine Existenz als Lebewesen: Der Mensch lebt nicht vom Brot, vom Überlebensnotwendigen allein, sondern letztlich von Freundschaften, die von uns einen Beitrag auf der sozialen und spirituellen Ebene unseres Daseins verlangen und uns umgekehrt zu dem machen, der wir sind.

Es ist das Verdienst der westlichen Philosophie, auf den Wert des Individuums in einer Gemeinschaft hingewiesen zu haben. Gleichzeitig hat sie den Einzelnen jedoch auch in Opposition zur Gesellschaft gebracht, indem sie alle kollektivistischen Konzepte mit dem Generalverdacht der kompletten Vereinnahmung des Einzelnen belegte. Übrig blieb letztlich eine unversöhnliche Polarisierung, die Martin Luther King einmal sinngemäß folgendermaßen zusammenfasste: Der Kommunismus hat vergessen, dass das Leben etwas Individuelles ist. Der Kapitalismus hat vergessen, dass das Leben etwas Soziales ist.

Freundschaften zu schließen und zu pflegen bedeutet, individuelle und soziale Belange zu kombinieren. Denn um unsere Bestimmung zu erfüllen, bedürfen wir der Anderen (der Freunde) – energetisch, ökonomisch und ökologisch. Wir benötigen unsere Freunde aber auch, um an unsere Bestimmung zu glauben. Alleine werden wir es nicht schaffen. Wir bedürfen anderer Menschen, weil die Essenz unseres Lebens letztlich darin besteht, einen Beitrag zur Entwicklung des Gesamten, des größeren Ganzen, also anderer Menschen und unserer selbst zu leisten, auf welche Art auch immer. Dieses Bedürfnis ist uns angeboren, wenngleich es im Alltag unseres Ego-Zeitalters oft verschüttet ist. Letztlich wird nur derjenige in seinem Leben Frieden finden, der einen Beitrag zum menschlichen (Zusammen)Leben leistet – als Freund.

Freundschaft heißt geben, dienen und ermutigen. Es geht darum, die eigenen Gaben und Fähigkeiten in den Dienst der

Freunde und der Gesellschaft zu stellen. Persönlich bin ich davon überzeugt, dass jedes meiner persönlichen Probleme mit der Weigerung einhergeht, meine Talente und Energie mit der Welt zu teilen. Dies geschieht immer dann, wenn ich in einem »Denken der Knappheit« gefangen bin, anstatt das Prinzip der Liebe im Sinne des Gebens und des Überfließens der Fülle zu leben. Ich neige als »Gefangener der Knappheit« nämlich dazu, meine Gaben so lange zu »hamstern«, bis ich an »spiritueller Verstopfung« leide: Ich gebe nicht, was ich habe, kopple mich so von der Welt ab und isoliere mich. Im Gleichnis der Talente in Matthäus 25, 14–30, verteilt ein Meister seinen Angehörigen unterschiedlich viele Talente (Güter, Begabungen) und verlangt nach seiner einjähriger Abwesenheit zu sehen, was sie daraus geschaffen haben. Die beiden Ersten, die fünf bzw. zwei Talente bekommen und daraus zehn bzw. vier gemacht haben, erhalten dasselbe Lob. Derjenige, der nur ein Talent bekommen hat, kann kein Ergebnis vorweisen. Weil er dachte, wenig zu haben, hat er ängstlich sein einziges Talent vergraben, damit es nicht verloren gehen kann. Er meinte, auf der sicheren Seite zu sein. Aber genau diese Einstellung, aus Ängstlichkeit nichts zu riskieren und dafür in Kauf zu nehmen, ohne Frucht zu bleiben, zieht das negative Urteil des Meisters nach sich.

Kommt Ihnen dieses Phänomen bekannt vor? Erleben wir es nicht täglich in der Familie, bei der Arbeit, im Straßenverkehr? Wen wundert's, dass Hamster Einzelgänger sind, denn auf diese Weise lassen sich keine Freundschaften schließen.

Liebe dagegen ist ständig im Fluss. Sie ist schon *per definitionem* etwas, das wir nicht sammeln und horten können. Liebe funktioniert nur, wenn wir geben. Wenn wir sie zurückhalten, mit ihr handeln oder um sie feilschen, haben wir sie bereits desavouiert. Das Leben wird dann zum Leben in Knappheit und Angst.

Zur Entwicklung von Menschen beizutragen ist ein spirituelles Grundbedürfnis, das tief in uns allen vorhanden ist. Es lässt uns Beziehungen pflegen und Freundschaften schließen. Wir schöpfen daraus auch jene Kraft, die wir zur Erfüllung unserer Bestimmung benötigen. Einen Freund dazu zu ermutigen, seiner Bestimmung entgegenzugehen, heißt, einen wichtigen Beitrag zu leisten, von dem beide profitieren: Wir helfen unserem Freund, sich und anderen zu helfen und knüpfen so das viel beschworene »soziale Netz«, Knoten für Knoten mit jeder Freundschaft, die wir schließen. Es ist ein Netz der Freundschaft, das uns in allen Lebensbereichen vor dem Absturz bewahrt. In Ehe und Familie genauso wie in Wirtschaft und Politik, über Geschlecht und Generationen hinweg.

Freundschaften sind der Kristallisationspunkt und das Herzstück persönlicher Entwicklung, sozialer Fähigkeiten und das Immunsystem einer Gesellschaft. Sie sind es deshalb, weil sie eine Kultur stärken, ohne eine andere zu schwächen, zu negieren oder auszuschließen. Die Gabe der Freundschaft ist kein Exklusivangebot für einige wenige, sondern eine Einladung an alle, an einem gemeinsamen Leben in spirituellem Reichtum teilzuhaben.

Drachen töten

Das Leben ist eine Geschichte der Transformation. Es kann eine lebensbejahende Geschichte der Befreiung, der Erlösung und des Jubilierens, aber auch eine negative Geschichte über Gefangensein und Trennung sein. Das Leben eines Menschen oder Teile desselben wirken stets als Ermutigung oder als Warnung.

Während dieser Transformation wirken in unserem Leben die verschiedensten Kräfte, egal ob wir uns dessen bewusst sind oder nicht. Unser Leben gleicht in diesem Punkt der Mythologie: Der Held macht sich auf den Weg, um eine schwierige Aufgabe zu erfüllen. Erfolg haben wird er dabei letztlich nur, wenn er alle Hindernisse beseitigt, allen Versuchungen oder Ablenkungen widersteht und Widerwärtigkeiten begegnet, von denen die größte seine eigene Angst ist. Erst wenn er sie überwunden hat, kann er heimkehren. Wie in Mythologie und Märchen müssen auch wir auf unserem Weg tief in die dunkle Höhle vorstoßen und unseren persönlichen Drachen töten. Auf dem Weg dorthin begegnen wir Freundesgestalten in verschiedenen Formen: Mentoren, Weisen, Helfern und Ratgebern.

Am Ende sind nicht nur die Feinde geschlagen – die äußeren Gegner und die inneren –, sondern vor allem ist der Charakter des Helden selbst transformiert: Er dient fortan dem Ganzen, statt sich nur, wie zu Beginn der Geschichte, um sich selbst zu kümmern. Sinn finden heißt, unsere Aufgabe zu erfüllen. Es bedeutet, unsere Bestimmung anzunehmen.

Wie jeder Held in einer Geschichte muss jeder von uns im realen Leben seine Aufgabe selbst erfüllen. Sollten wir dabei jedoch unterwegs stolpern oder aufgeben wollen, wird uns der Freund wiederaufrichten und anspornen. Ein altes spanisches Sprichwort sagt: »Jeder Don Quixote hat seinen Sancho Pansa.« Vielleicht braucht jeder Suchende auf seiner Reise zwar einen Wegbegleiter, wie etwa auch William von Baskerville in Umberto Ecos »Name der Rose« in seinem treuen Adlatus Adson von Melk ihn hat, und von Henry Ford stammt der Satz: »Mein bester Freund ist derjenige, der das Beste aus mir herausholt.«

Ich trage das gute Bild von Dir in mir –
und ich trage es Dir nach

Wir müssen uns immer wieder die Essenz, also den Wesenskern von Freundschaft, vergegenwärtigen, um diese bauen und pflegen zu können. Ein Misanthrop würde fragen: »Wofür das alles, wozu dieser ganze Aufwand?« Es kann nicht oft genug wiederholt werden:

Mein Freund ist der Anwalt und Erzähler meiner Bestimmung. Er erinnert mich an meine Zukunft. Er verbindet mich mit dem, was letztlich zählt in meinem Leben. Das gibt mir Richtung, Hoffnung und Energie.

Die Essenz von Freundschaft besteht darin, anderen Menschen stets mit Zuneigung zu begegnen – ohne Berechnung, ungehindert und nicht rationiert. Freundschaft und Liebe funktionieren nicht im Modus der Knappheit. Sie können sich nicht entfalten, wenn einer der Beteiligten mit Verlustängsten beschäftigt ist. Freundschaftliche Zuneigung schützt einen ja gerade vor diesen Ängsten. Menschen, deren eigene Bedürfnisse gedeckt sind, können als Freund auf vielfältige Weise positiv zum Leben Anderer beitragen. Menschen dagegen, die feindlich gestimmt sind, die stehlen, Gewalt anwenden und verletzen, handeln aus dem Gefühl des Mangels heraus: Sie sehen sich als Opfer einer von ihnen unbeeinflussbaren und ungerechten Verteilung knapper Güter (Liebe, Erfolg, Anerkennung, Respekt usw.) und transformieren ihr Selbstmitleid in Aggression. Dabei übersehen sie, dass sie mit ihren Handlungen ebenjenen Zustand der Angst und des Mangels nur noch verstärken, wenn nicht sogar erzeugen.

Was immer jemand einem anderen Menschen antut, tut diese Person eigentlich sich selbst an. Das kann keine Entschuldigung für ein destruktives Verhalten sein und keinen Grund darstellen, sich gegen solche Menschen bzw. gegen ihr

Verhalten nicht zu wehren. Wenn uns Böses begegnet, müssen wir sehr vorsichtig sein, dass wir nicht selbst böse werden. Jesus erinnert uns daran, dass »Auge um Auge, Zahn um Zahn« nicht die Antwort sein kann. Am Ende wären wir alle blind und zahnlos. Aus diesem archaischen Zweikampfmuster, das anstelle von *Win-Win* immer mindestens einen Verlierer produziert, kann nichts Gutes erwachsen. Es dient keinem höheren Zweck.

Umgekehrt, und auch das zählt zur Essenz von Freundschaft, wird unser Freund uns ungeachtet unserer Fehler stets als jemanden betrachten, der einen Beitrag der Liebe und zur Liebe leistet.

Jeder, selbst ein Verbrecher, handelt aus einer – gemäß seiner Weltsicht – positiven Intention heraus. Mafia-Mitglieder zum Beispiel leben und agieren in der Überzeugung, dass sie es außerhalb der »Familie« mit einer Welt des Mangels zu tun haben. Sie begehen Verbrechen, um wenigstens für den eigenen Clan einen drohenden Mangel abzuwenden. Das mag in ihrer Logik Sinn machen.

Wenn wir es also zulassen, dass die Angst vor dem Mangel unser Verhalten bestimmt und so das Böse in unser Familienleben eindringt, wird diese Angst unsere Familie zerstören, weil nichts jemals genug sein wird. Es regiert die Angst. Und es gibt keinen Frieden in der Angst.

Noch einmal zurück zur Essenz von Freundschaft: Ihr unmittelbarer Lohn besteht darin, dass wir uns jetzt und hier gut aufgehoben und zu Hause fühlen. Wir nehmen sie an, wie sie ist. Wir sind nicht gebannt von der hypnotisierenden Macht der Angst und des Mangels.

Der Pastor, der meine Frau und mich traute, erläuterte mir die Essenz von Freundschaft aus seiner Sicht folgendermaßen: Wenn Menschen zu ihm in die Seelsorge kommen und ihm von ihren Problemen und Herausforderungen erzählen, betet er und versucht sich vorzustellen, wie dieser Mensch wäre, wenn er den Pfad Christi, den Weg der Liebe, vor Jahren eingeschlagen hätte. Diese Vorstellung teilt der Pastor den betreffenden Menschen mit. Sofern sie sich zu diesem Bild in Beziehung setzen können und es sogar für realisierbar halten, fordert er sie auf, über die Schritte nachzudenken, die nötig wären, um das Bild Wirklichkeit werden zu lassen, indem er sie fragt: »Wie wäre Ihr Leben, falls Sie drei Jahre lang das getan hätten, was Sie wirklich tun wollten?« Daraufhin entscheiden die betreffenden Personen, was zu tun ist. Das ist Freundschaft. Im Konzept der Freundschaft und der Liebe haben wir eine gemeinsame Quelle und eine gemeinsame Bestimmung. Die Reise zu unserer Bestimmung ist der Pfad der Liebe.

Entdecke Deine Fähigkeit, ein Freund zu sein, und gib sie weiter!

Freunde urteilen nicht. Vor allem deshalb nicht, weil sie in einem Menschen mehr sehen als die Gegenwart, den Ist-Zustand. »The game is not over, yet«, ist ihre Haltung in schwierigen Zeiten. Mit Blick auf die Zukunft, auf die Möglichkeiten eines jeden von uns, fragen Freunde nicht, weshalb das eine oder das andere geschehen konnte, sondern danach, wozu das Geschehene gut sein könnte. Ein Freund hat die Gabe, Kritik zu üben ohne zu verurteilen und gibt sich nicht mit der erstbesten Lösung zufrieden. Vielmehr bietet er Rat und Hilfestellung: »Das ist nicht das Niveau, auf dem Du Dich befinden solltest. Aber ich habe Hoffnung, weil ich Deine Zukunft sehe und deshalb konzentrieren wir uns jetzt auf Deine Stärken.« Freundschaftliche Beziehungen konzentrieren sich weniger auf Probleme als vielmehr auf Lösungen, verharren nicht in der Gegenwart, sondern arbeiten an der Vergegenwärtigung der erstrebenswerten Zukunft.

Dies sind alles ganz ernste Themen. Wesentliche Elemente von Freundschaft sind in diesem Zusammenhang allerdings auch Heiterkeit, Witz und Gelassenheit, nicht zuletzt als Voraussetzung für eine spielerische Herangehensweise an wünschenswerte Veränderungen und das angstfreie Experimentieren mit alternativen Lösungsansätzen. Von Ralph Waldo Emerson stammt der schöne Satz dazu: »Einer der Segen alter Freunde ist, dass man es sich erlauben kann, mit ihnen auch einmal albern zu sein.«

Wir alle brauchen Lob. Wer jedoch zu früh lobt, verführt uns dazu, uns zu schnell mit dem Erreichten zufriedenzugeben. Wer andererseits nie lobt oder dies nur bei hundertprozentiger Perfektion tut, hat das Prinzip Freundschaft nicht verstanden. Ein Freund kann sagen: »Ich bin zufrieden mit dem was Du tust, und trotzdem: Du kannst mehr. Mach weiter!«

Als Christ glaube ich, dass die Liebe unsere Identität bestimmt. Sie ist die Voraussetzung für unsere Gabe, anderen ein Freund zu sein. Liebe und Freundschaft sind letztlich der Grund für unsere Existenz. Liebe (und damit auch Freundschaft) ist eine Emotion, die uns positiv bewegt, mehr als tief schürfende intellektuelle Auseinandersetzungen. Bezogen auf Freundschaft bedeutet dies, dass wir unsere Vernunft und unsere analytischen Fähigkeiten mit unseren Gefühlen in Verbindung bringen müssen. Erst daraus entsteht die Kraft der Freundschaft. In dieser Verbindung entsteht die Gabe, Anderen ein Freund zu sein. Es genügt nicht, jemanden und dessen Situation rational analysieren zu können. Zu einer positiven Veränderung werden wir ihn erst bewegen, wenn wir unsere positiven Emotionen einbringen. Dies wiederum setzt voraus, dass wir selbst frei von Ängsten sind. Gerade in Situationen von Angst, Entmutigung oder gar Depression ist Geben der beste Ausweg. Wer fragt »Was habe ich zu geben?« und gibt, was er hat, wird sich selbst wiederentdecken und erkennen, wie wertvoll sein Leben ist. Auf diese Weise wird er Angst und Depression überwinden. Gute Freunde tragen mir mein Vorbild, das Bild meiner Bestimmung, nach.

So übe ich die Kunst der Freundschaft

20 Fragen zum täglichen Training

- Wie fühlen sich Menschen, wenn sie mit mir eine Begegnung hatten?
- Wie würde ich meine Begegnungen mit meinen Freunden beschreiben? Sind sie stets angenehm und anregend? Oder eher unerfreulich und anstrengend?
- Worauf führe ich meinen Einfluss auf meine Freunde zurück (positiv wie negativ)?
- Wie stelle ich mir die Zukunft dieser Personen vor?
- Worin sehe ich die größten Stärken dieser Menschen?
- Wie drücke ich meine Stärken Anderen gegenüber aus?
- Wie gut bin ich darin, in Gesprächen mit meinen Freunden eine positive Sprache zu wählen?
- Welche Phantasien hindern mich daran, meine Liebe Anderen gegenüber auszudrücken und fließen zu lassen?
- Welchen Drachen müsste ich wohl erlegen, um frei geben zu können?
- Verteidige ich die Zukunft Anderer, auch vor Dritten?
- Angenommen, letztlich würde alles zu einem guten Ende kommen, was würde ich als Nächstes tun?
- Habe ich eher weniger Mühe beim Ausüben von Einfühlsamkeit oder von Echtheit?

- Ich will in den nächsten zehn Tagen auf Situationen sensibel sein, in denen meine Schwäche (Einfühlsamkeit oder Echtheit) gefordert ist, und diese dann bewusst leisten.
- Wofür kann ich dankbar sein?
- Wem gegenüber könnte ich noch mehr Wertschätzung ausdrücken?
- Welche Werte und Einstellungen teile ich mit meinen Freunden?
- Kann ich beobachten, wie jede Kommunikation immer entweder ein Ausdruck von Liebe oder ein Schrei nach Liebe ist?
- Bei der nächsten Gelegenheit, wenn meine Gegenüber müde wirken, werde ich (noch) echter werden und sehen, ob ihr Aufmerksamkeits-Pegel dann tatsächlich merklich ansteigen wird.
- Bei der nächsten Gelegenheit, wenn ich im Umgang mit Anderen selbst mit Müdigkeit zu kämpfen habe, werde ich mich besser in mein jeweiliges Gegenüber einfühlen und feststellen, ob ich dabei augenblicklich wacher werde.
- Welche Risiken beim Gestalten von Beziehungen nehme ich bewusst in Kauf, weil ich will?

Die Pflege der Freundschaft

Zwei Menschen können nicht auf Dauer Freunde sein,
wenn sie nicht einander ihre Verfehlungen vergeben
können.
Jean de La Fontaine

Das erste Gesetz der Freundschaft lautet, dass sie
gepflegt werden muss. Das zweite lautet: Sei nachsichtig,
wenn das erste verletzt wird.
Voltaire

Jemandem ein Freund zu sein, gelingt im Alltag und auf
Dauer nur als ständige Haltung, speziell dann, wenn Missverständnisse und Konflikte auftreten und die Beziehung durch
Verletzungen und Schmerzen überschattet wird. Die Pflege
einer Freundschaft ist folglich besonders in Krisen gefordert
und sie verlangt dann vor allem eines: Vergebung. Wer nicht
vergeben kann, entlarvt sein Freund-Sein im Kern als egoistisch und damit als eng beschränkt.

In diesem Kapitel des Buches gehe ich den Fragen nach,
was unter Vergebung grundsätzlich zu verstehen und weshalb
Vergebung für Freundschaft so entscheidend ist, welche persönlichen und situationsbezogenen Voraussetzungen gegeben
sein müssen und wie man als Betroffener konkret vergeben
kann.

Als Einstieg sei noch einmal daran erinnert, dass das Leben mehr ist als nur die nackte, auf die Befriedigung der überlebensnotwendigen Bedürfnisse ausgerichtete Existenz. Es
sind die Freundschaften, die uns weiterbringen und dem Leben eine erweiterte Perspektive geben. Sie zeigen uns, dass eine

Bestimmung vor uns liegt, auf die zuzugehen sich lohnt. Die täglichen Herausforderungen sind Hürden auf unserem Weg dorthin. Sie lehren uns Vertrauen in unsere Fähigkeit, Probleme zu lösen und helfen uns zu wachsen. Was aber, wenn wir auf unserem Weg einen Freund verlieren? Vielleicht, weil wir ihn aus den Augen verloren oder schlimmer, weil wir ihn wegen unserer täglichen Herausforderungen vernachlässigt oder gar verletzt haben? Um es gleich vorwegzunehmen: Einen echten Freund können wir niemals verlieren. Umgekehrt können wir keinen Freund verlieren, den wir nie gehabt haben. Ein Freund, der nicht an unsere Bestimmung glaubt, ist nämlich niemals unser Freund gewesen. Freundschaften werden nicht dadurch definiert, wie oft man einander sieht, sondern wie sehr man einander vertraut, wie tief und nachhaltig man einander berührt und auf die eigene Bestimmung ausrichtet – und: Wie gut man einander vergeben kann.

Im Alltag kommt es zu Irritationen und Verletzungen. Nicht selten werden Freundschaften in der Folge als beendet betrachtet, regelrecht aufgekündigt oder laufen sich lautlos tot. Wie können wir eine verletzte Freundschaft heilen? Wie schaffen wir Versöhnung? Was ist das Geheimnis einer erfolgreichen »Beziehungsreparatur«? Ich habe am Anfang des letzten Kapitels das Bild der Brücke verwendet, die zwei Ufer verbindet. Wenn ihre Brücke beschädigt wurde, bauen leider viele Menschen rasch eine neue, andere. Sie trauern der guten alten nach, der sie – vielleicht zu Recht – nicht mehr vertrauen, und denken nicht daran, die Brücke reparieren zu wollen, weil sie sich dafür eben gerade auf diese Brücke begeben müssten.

Der Bau einer neuen Brücke hat allerdings einen Haken: Die neue Brücke erstrahlt zwar in neuem Glanz und hat – noch – keine Beschädigungen; unsere Seele hat aber gespeichert, dass Brücken einstürzen können und so nähern wir uns dieser neuen Brücke nicht mehr unbefangen. Wir gehen gleichsam mit einer Hypothek, mit einer inneren Reserve an den Bau und die Nutzung der nächsten Brücke.

Vielen Menschen fehlt die Erfahrung, dass wir Brücken nicht nur zu erstellen verstehen, sondern diese auch zu erhalten und gegebenenfalls zu reparieren im Stande sind. Diese Fertigkeit ist darum notwendig, weil wir es bei Freundschaften noch mehr als bei physischen Brücken mit lebenden Systemen zu tun haben. Der Erhalt ist dann nicht nur ein Prozess zur Reparatur eines Schadens, sondern gehört zum Vollzug des Seins. Ein Mangel an Fähigkeiten auf diesem Gebiet ist eine große Belastung für die eigene Person und führt zu Vereinsamung.

Die zentrale Kompetenz für die Reparatur von Brücken heißt »Vergebung«. Die Kunst des Vergebens ist eine Frage von Charakter und persönlichen Fähigkeiten. Wer vergibt, ist nicht länger Knecht vergangener Fehler, sondern Anwalt der Zukunft. Wer nicht vergeben kann, kann eine Beziehung nicht weiterentwickeln. Vergebung ist die Bereitschaft, die Vergangenheit in Frieden hinter sich zu lassen. Vergebung ist die Fähigkeit, auf das Zukünftige zuzugehen.

Steven Covey beschreibt Vergebung als proaktives Handeln auf der Beziehungsebene. Als Betroffener bestimme ich, dass ich nicht Opfer einer Beziehung, sondern ihr Gestalter bin – und somit fähig, auf die erlebte Verletzung eine positive, zukunftsgerichtete Antwort zu geben. Auf der Beziehungsebene bedeutet Vergebung, den Freund und die Beziehung nicht nach dem begangenen Fehler zu beurteilen, sondern gemäß dem Potential, das in dem Freund steckt und sich dank der Freundschaft entfaltet. Trennung und Distanz sind oft das Ergebnis von zugefügtem Schmerz. Vergebung dagegen überwindet die vielleicht vordergründig natürliche Reaktion der Separation. Wenn wir vergeben, wissen wir, dass uns Trennung nicht wirklich weiterhelfen wird. Denn wir würden mit der Trennung auch den Beistand und die Ermutigung des Freundes verlieren und damit den Kern von Freundschaft verraten.

Vergangenes können wir nicht ungeschehen machen. Aber wir können lernen, bei allem, was geschehen ist, unsere Vergangenheit immer als etwas Wertvolles zu betrachten. Das ist der Kern von Vergebung: Wir ändern die Sichtweise auf das Gewesene und weisen ihm eine andere Bedeutung zu. Darin liegt der Unterschied zwischen Verdrängung und Verarbeitung, zwischen Verbitterung und Vergebung. Wer verdrängt, negiert die Vergangenheit und damit zum Teil sich selbst und verbittert am Ende darob. Wer verarbeitet, akzeptiert die Vergangenheit als die Grundlage seiner jetzigen Situation, aber nicht als Begrenzung seiner künftigen Möglichkeiten. Mit dem Integrieren der Vergangenheit in unser Leben ebnen wir den Weg für Vergebung und öffnen den Blick in die Zukunft.

Vergeben

Es sei an den Anfang des letzten Kapitels erinnert. Es muss eine Entscheidung gefällt werden: »Volo, ergo sum.« Damit wir bereit sind, alles zu tun, um zu leben und heil zu werden, brauchen wir unsere Willensentscheidung. Vergebung im Alltag konkret zu praktizieren gelingt am besten, wenn wir uns folgenden Ablauf bewusst machen:

Ich wurde (und bin) verletzt. – Also:

Ich suche (und will) Heilung. – Also:

Ich muss eine Entscheidung fällen. Und handeln!

Ich wurde (und bin) verletzt

Jede Verletzung bedeutet im Kern, dass ein Mensch in seinen Rechten und Möglichkeiten in unzulässiger Weise begrenzt oder beschnitten wurde. Viele Menschen empfinden eine Verletzung als einen Ausdruck von Mangel: »Die Anderen haben meine Bedürfnisse nicht erfüllt.« Schlimmer noch ist die Angst, das Geschehene könnte für unser Wesen bestimmend sein. Ich kenne niemanden, der noch nie verletzt worden wäre. Wir kommen höchst verletzlich auf diese Welt, sind in unserer ersten Lebensphase ohne die Hilfe unserer Nächsten nicht (über)lebensfähig und sind zeit unseres Lebens abhängig von Anderen. Der Glaube an Unabhängigkeit und möglichst große Autonomie ist eine Illusion. Wir produzieren weder unsere notwendigsten Lebensmittel noch unsere Kleider, noch unsere geliebten Fortbewegungs- und Kommunikationsmittel mit unseren eigenen Händen, geschweige denn uns selbst.

Das wohl größte Missverständnis im Zusammenhang mit Vergebung ist die Ansicht, vergeben bedeute vergessen. Nach dem Motto »wenn es nicht mehr wehtut, ist es vergeben« halten wir uns für gewöhnlich an die Kausalkette Schmerz – Heilung – Vergebung. Dabei ist der richtige Weg: Schmerz – Vergebung – Heilung. Heilung ist das Ergebnis von Vergebung, nicht deren Ursache. Wir vergeben, um Heilung zu erlangen, nicht umgekehrt. Wir können nicht auf Heilung warten, um dann erst zu vergeben.

Vor ein paar Jahren zog ich mir eine kleine Verletzung am Ellbogen zu. Es war nur eine kleine Verletzung, aber als Schmutz in die Wunde kam, erlitt ich eine Blutvergiftung. Hätte ich fünfzig Jahre früher gelebt, wäre ich um eine Amputation des Armes wohl kaum herumgekommen. Mein Ellbogen war rot und heiß von der Infektion. Mein ganzer Körper war mit der Blutvergiftung beschäftigt. Ich war komplett lahmgelegt und konnte an nichts anderes mehr denken. Niemand durfte meinem Ellbogen zu nahe kommen. Ohne rasche und konsequente Behandlung hätte die Wunde mich verzehrt. Eine Operation half, die Wunde zu reinigen und die Blutvergiftung aus dem Körper zu verbannen. An meinem Ellbogen blieb eine Narbe, aber ich war geheilt.

Meine älteste Tochter war voller Mitleid: »Armer Papa, jetzt ist der Ellbogen aber nicht mehr schön.« Sie hatte recht, da war diese Narbe. Mein Körper hatte die Blutvergiftung nicht vergessen. Ich war verletzt und es war sehr schmerzhaft gewesen. Unbehandelt hätte sie zuerst mein Leben vergiftet und es mir dann nehmen können. Ich musste mich einer Operation unterziehen, ein Stück wegschneiden lassen, aber so wurde ich gesund. Ich kann leben wie jeder andere gesunde Mensch und meinen Ellbogen benutzen.

Meine Zukunft gehört immer noch mir. Meine Bestimmung ist immer noch die meine.

Das ist das Wunder der Vergebung: Ich musste etwas hergeben (Gott sei Dank nur die Tage und Wochen der Krankheit und die Unversehrtheit meines Ellbogens), aber ich bin nicht länger durch die Verletzung und ihre Auswirkungen eingeschränkt. Ich werde sie niemals vergessen, aber sie wird mich auch nicht daran hindern, dass ich mich auf meine Bestimmung hinbewege und mich – in diesem Fall meinen Körper – dabei genauso liebe wie bisher. Die Narbe stört mich dabei gar nicht. Ich betrachte sie als Zeichen der Heilung.

Die in der Geschichte erwähnten Elemente treffen auch auf seelische Verletzungen, Vergebung und Heilung zu. Eine Verletzung ist zunächst schmerzhaft, aber lokal begrenzt. Wird sie vom Immunsystem nicht erfolgreich überwunden, sondern wuchert weiter, kann sie das ganze System vergiften und gefährden. Das erkennt man daran, dass die verletzte Stelle hochempfindlich ist und letztlich der ganze betroffene Mensch sich – schützend – um die verletzte Stelle herum organisiert. So wird das Wesen dieser Betroffenen und ihr Lebensstil von der Verletzung bestimmt. Damit dehnt sich die ursprünglich nur punktuelle Verletzung auf den gesamten Menschen aus. Wie kann hier Heilung geschehen?

Vergeben kommt von geben

In allen Sprachen, mit denen ich vertraut bin, ist geben die Wurzel von vergeben: Zum Beispiel *forgive* oder *pardonner*. Was geben wir her, was vergeben wir? Wir verzichten auf unser Recht des Ausgleichs. Rache, *Vendetta*, zielt auf Ausgleich, ist hier aber der falsche Weg. Vergebung ist der Weg zu Gerechtigkeit, nicht umgekehrt: Wir können nicht rächend Gerechtigkeit fordern, um vergebungsbereit zu werden. Auf der gesellschaftlichen Ebene mag die Suche nach dem Ausgleich, nach einem relativen »Auge um Auge, Zahn um Zahn« durchaus seine Berechtigung haben, beispielsweise ist das Büßen von Verkehrsvergehen ein solcher Ausgleich. Auf der persönlichen Ebene führt dies jedoch zu Blindheit und Zahnlosigkeit. Vergebung ist der alternative lebensbejahende Weg zu persönlicher Freiheit und Heilung.

Ein großartiges Beispiel für die lebenswichtige Notwendigkeit von Vergebung ist die Wahrheitskommission, die nach dem Ende der Apartheid in Südafrika eingerichtet worden war. Sie war allerdings nur für politisch motivierte Verbrechen zuständig. Angeklagte konnten dort ihren Fall vorbringen und ihre Opfer um Vergebung bitten.

Ich erinnere mich daran, einmal einen solchen Fall verfolgt zu haben, in dem drei junge Schwarze eines Sonntagmorgens in eine Kirche gestürmt waren und während des Gottesdienstes wahllos auf weiße Kirchenbesucher geschossen hatten. Nun standen sie vor dem Richter, zusammen mit einem mindestens um 25 Jahre älteren Weißen. Die drei jungen Schwarzen hatten bei dieser Schießerei seine Frau getötet. Alle vier blickten starr auf den Richter. Die Schwarzen wirkten innerlich gebrochen, sie waren entsetzt über das, was sie angerichtet hatten. Einer nach dem andern mussten sie die Fragen des Richters beantworten, stets im Beisein des weißen Witwers. Er hätte sie eigentlich hassen sollen, aber es fiel ihm sichtlich schwer. Indem er ihnen zuhörte, versuchte er zu verstehen, dass sie keine Monster waren. Dass sie zwar getötet hatten, aber keine Killer waren. »Was möchten Sie?«, fragte ihn darauf der Richter. »Ich möchte, dass diese drei jungen Männer sich umdrehen und mir in die Augen sehen.« An der Körpersprache konnte man den Männern ihre Verzweiflung ansehen.

Sie hatten drei Jahre im Gefängnis verbracht und waren nun gezwungen, dem Witwer gegenüberzutreten. Dies empfanden sie berechtigterweise als Demütigung. Aber dann konnten sie sehen, dass der Witwer gar kein grausamer Mensch war. Er wollte sie nicht aus persönlicher Rache oder zu seiner Genugtuung demütigen. Er war einfach ein Mensch, der seine Frau geliebt hatte. »Ich möchte, dass Ihr erfahrt, wer meine Frau war. Sie war eine wunderbare Frau. Sie half mir, der Mann zu werden, der ich bin. Wir hatten viel Freude zusammen.« Dann fragte er sie: »Könnt Ihr Euch daran erinnern, welches Kleid sie an jenem Tag trug?« So ließ er die drei Männer teilhaben an seiner Verwundbarkeit und seinem Schmerz. Ihre Herzen öffneten sich. Sie stellten sich ihm bzw. ihrer Tat, seinen Gefühlen – und ihren eigenen. Sie merkten: Der Witwer hatte ihnen vergeben. Tränen flossen. Heilung begann – hüben und drüben.

Wie wichtig der Unterschied zwischen persönlicher und gesellschaftlicher Ebene ist und wie lebensnotwendig diese persönliche Haltung für einen Menschen sein kann, zeigt auch das beeindruckende Beispiel eines Rabbi, der den Holocaust überlebte und kurz nach dem Krieg mit einer kleinen persönlichen Bemerkung für einen Riesenskandal sorgte. 1946 erklärte er in den USA in einem Interview, er habe Adolf Hitler vergeben. Presse und Öffentlichkeit tobten. Er könne einem Hitler kein Verbrechen vergeben, das in seiner Ungeheuerlichkeit jede moralische Relativierung verbiete. Der Rabbi entgegnete: »Es ist eine rein persönliche Angelegenheit. Ich kam in die USA, um ein neues Leben zu beginnen. Dorthin wollte ich Adolf Hitler nicht mitnehmen.«

Hier zeigt sich die in der Vergebung verborgene Weisheit: Es ist die Weigerung, unsere Zukunft von einer schmerzhaften Vergangenheit bestimmen zu lassen, sei sie auch noch so traumatisch. Freiheit ist das, was man sich nimmt, nicht das, was einem gegeben wird.

Ich suche (und will) Heilung

Die oben erzählten Beispiele zeigen: Vergebung (ver)schafft Heilung, nicht umgekehrt. Wie aber wissen wir im Alltag, ob wir geheilt sind? Wir sind es dann, wenn die Liebe wieder fließt. Und wie wissen wir, ob die Liebe wieder fließt? Wir wissen es dann, wenn es uns gelingt, demjenigen, der uns Schmerz zugefügt hat, aufrichtig und ohne Groll eine gute Zukunft zu wünschen und ihm frei zu begegnen.

Vergebung ist kein Sprint, sondern ein Marathon. Je tiefer die Wunde ist, desto länger wird die Heilung dauern. Aber es wird funktionieren. Heilung ist keine Frage von Regeln oder davon, was zu tun oder zu lassen ist. Heilung ist die Wiedergewinnung der persönlichen Freiheit. Wir visualisieren eine positive Zukunft und wünschen dem Menschen Gutes.

Vor Jahren verlor ich einmal meinen Job. Ich wurde gefeuert und empfand es als sehr unfair. Von einem Moment auf den anderen war ich nicht mehr erfolgreich, stand recht einsam auf der Straße; das Bild meiner Zukunft war zusammengebrochen. Es war ein Schock für mich, der mir die Tränen der Wut und Verzweiflung in die Augen trieb. Es dauerte neun Monate, bis ich meinem ehemaligen Chef begegnen konnte, ohne ihm insgeheim die Pest an den Hals zu wünschen. Während dieser Zeit ging ich regelmäßig im Wald joggen. Auf der neun Kilometer langen Strecke kam nach sechs Kilometern ein sehr steiler Anstieg. Ich wusste, immer wenn ich dort körperlich an mein Limit kam, würden mich auch meine Dämonen anspringen und mir psychisch den Rest geben.

Hier ist ein kleiner Einschub hilfreich: Das ist meine »Zitronenpsychologie«: Wenn man eine Zitrone unter Druck setzt, kommt ihr Saft zum Vorschein. Viele meinen, der Druck »produziere« den Saft, aber er macht ihn nur sichtbar. Er war vorher schon da. Genau so wie das Üble, das in schwierigen Situationen, wenn wir unter Druck stehen, aus uns herauskommt. Es war vorher schon da, wir haben es nur nicht wahrgenommen. Im Stress begegnen wir einem Teil von uns, der uns sonst verborgen bleibt. Das ist die Chance: In der Krise lernen wir nicht nur unsere Freunde, sondern auch uns selbst kennen. Und uns weiterzuentwickeln.

So rannte ich – den Puls am Anschlag – bergauf und malte mir aus, wie mein ehemaliger Chef büßen würde für das, was er mir angetan hatte. Aber je mehr ich ihn in meinen Gedanken leiden ließ, desto verbitterter wurde ich. Ich musste die bösen Gedanken, die mich mit immer neuen Rachephantasien fütterten, irgendwie überwinden. Dies tat ich schließlich, indem ich mit Segenswünschen für meinen ehemaligen Chef gegen sie kämpfte. Ich musste erkennen, dass es hier nur um mich ging und nicht um ihn. Weshalb also sollte er nicht Erfolg, Glück und eine harmonische Ehe haben dürfen? Ich wurde in demjenigen Moment frei, in dem ich meine Vorstel-

lung von ihm und meine Wünsche für ihn ins Positive veränderte. So habe ich meine Freiheit zurückgewonnen und
Teile in mir befriedet, indem ich Freundschaft mit dieser Erfahrung geschlossen habe. Ich habe das Böse durch das Gute
überwunden. Das gibt Kraft für alles Kommende!

Ich muss eine Entscheidung fällen. Und handeln!

Im Prozess der Vergebung bildet die Entscheidung zu handeln den letzten Schritt. Hierzu ein kurzes Beispiel. Im Film
»Dead Man Walking« spielt Sean Penn einen verurteilten Mör-
der und Susan Sarandon eine Nonne, die Sträflinge betreut.
Diese wird von den Eltern des getöteten Opfers gefragt, ob sie
denn eigentlich auf ihrer oder auf der Seite des Täters stehe.
Ihre Antwort: »Ich bin auf der Seite der Liebe.« Wer nicht vergeben kann, wird stets sich und die Welt zu einer Entscheidung »für oder gegen« zwingen und damit Gräben aufreißen
und vertiefen. Eine Entscheidung für die Seite der Freundschaft und der Liebe aber kann solche Gräben überbrücken.
Sie verbindet und ermöglicht beiden Seiten eine positive, vielleicht sogar eine gemeinsame Zukunft.

Um eine Brücke zu bauen und Gräben zu überwinden,
müssen wir vor allem begreifen, dass uns alle mehr Gemeinsamkeiten verbinden als uns Unterschiede trennen. Wünsche
und Bedürfnisse unterschiedlichster Menschen, egal wo auf
der Welt, sind ähnlicher, als wir auf den ersten Blick erkennen. Dies macht es uns leichter, einander die Hand zu reichen,
denn Freundschaft und Vergebung sind symbolisch gesprochen wie ein Handschlag.

Als ich 14 Jahre alt war, rief uns unser Zeichenlehrer einmal zu einem kleinen Wettbewerb auf. Wir sollten den Frieden malen. Ich malte spontan das Bild, das dieses Wort in mir
hervorrief: Zwei ineinandergreifende Hände. Mir war beim

Malen lediglich in den Sinn gekommen, dass Gott uns unsere Hände gegeben hatte; ein gütiger, friedliebender Gott, der uns diese wundervollen Instrumente gegeben hatte, und der damit den Frieden der Welt buchstäblich in unsere Hände gelegt hat. Ich war sehr überrascht, als ich mit diesem Bild den Wettbewerb gewann. So verstehe ich die Hand zunächst als Symbol für die praktizierte Vergebung, für die Entscheidung, zu handeln und auf den Anderen zuzugehen. Im weiteren Sinne symbolisiert die Hand für mich alle Aspekte von Freundschaft:

- Der Daumen steht für Ermutigung, Feedback, Ansporn: »Gut gemacht!«
- Der Zeigefinger gibt die Richtung vor und weist den rechten Weg zur Bestimmung.
- Der Mittelfinger ist der kräftigste Finger. Er repräsentiert Verantwortung und Respekt in einer Freundschaft. Jeder kennt die respektlose Geste des ausgestreckten Mittelfingers. Wir drehen diese Bedeutung um!
- Der Ringfinger symbolisiert Verpflichtung, Hingabe, Bekenntnis zum Anderen oder neudeutsch »Commitment«.
- Der kleine Finger ist der schwächste von allen. Er steht für die Verwundbarkeit, die stets Teil der Freundschaft ist. Ein Freund braucht den Mut, sich dem Anderen zu öffnen. Das macht ihn zwar verwundbar, die Beziehung aber stark.

Wir müssen uns an unsere Bestimmung erinnern (lassen)

Im 15. Kapitel des Lukasevangeliums findet sich das Gleichnis vom verlorenen Sohn. Jesus erzählt die Geschichte, ohne sie jedoch so zu benennen. Der Titel »Gleichnis vom verlorenen Sohn« entstand erst später, und wer das Gleichnis kennt, wird ihn vielleicht wie ich etwas unglücklich gewählt finden:

Die Hauptfigur ist nämlich nicht der verlorene Sohn, sondern der liebende Vater.

Jesus erzählt das Gleichnis, um uns eine Metapher für Gott zu geben. Gott ist der Vater und er ist die Liebe. Er liebt bedingungslos. Der ältere Sohn bemühte sich, die Liebe des Vaters mit Leistung zu erringen – ohne Erfolg, denn der Vater stellte diese Bedingung gar nicht. Der jüngere Sohn hatte in der Fremde vergessen, wer er war und wer und was sein Vater für ihn war. Der Sohn hatte seine Bestimmung vergessen, aber der Vater nicht. Er erinnerte ihn daran, indem er ihm vergab.

Das Gleichnis vom verlorenen Sohn soll uns daran erinnern, dass wir einander bedürfen. Alleine werden wir es nicht schaffen, ein vollkommenes Leben zu führen. Immer werden wir Menschen brauchen, die uns daran erinnern, wer wir wirklich sind. Freunde, die uns zum Kern unseres Wesens zurückführen, uns an unsere Bestimmung und unsere Identität erinnern. »Ich sehe mich selbst durch die Augen des Anderen«, nennt das Viktor Frankl. Wir müssen in die Augen unseres Freundes sehen und seine Worte hören. Ansonsten laufen wir Gefahr, uns selbst aus den Augen und damit unsere Identität zu verlieren.

Vor einigen Jahren lernte ich einen älteren Pastor kennen, der mir eine Geschichte mitgab, die die Kraft einer starken Identität sehr schön illustriert. Er hatte als Kind eine Szene beobachtet, die er niemals vergessen konnte: Eine Familie bringt ihren Sohn zum Zug. Es scheint sich um einen Abschied für lange Zeit zu handeln. Sie stehen auf dem Bahnsteig und sagen einander Lebewohl. Die Frauen weinen, die Männer schweigen vor sich hin. Plötzlich der Vater zum Sohn: »Vergiss niemals, wer Du bist.«

Diese Mahnung ist zentral und erinnert uns stets daran, wer wir sind. Sie beschreibt die lebenslange Reise zur Entfaltung der eigenen Identität. Und die kann nie ziellos sein.

Ich habe stets Mühe, wenn jemand sagt, der Weg sei das Ziel. Oft klingt das ein wenig wie: »Weil wir das Ziel aus den Augen verloren haben, preisen wir den Weg.« Das aber ist Unsinn. Denn niemand geht zum Bahnhof und kauft sich eine Fahrkarte für eine zehn oder 20 Kilometer lange Strecke. Man kauft eine Fahrkarte »nach …«, also für ein bestimmtes Ziel. Und selbstverständlich soll die entsprechende Fahrt ein Genuss sein.

Denn: Wer kein Ziel hat, das seine Bestimmung widerspiegelt, dem erscheint jeder Weg gangbar und recht; er wird verführbar. Ich bin davon überzeugt, dass wir wesentlich weniger leicht zu manipulieren sind und uns nicht für zweifelhafte Dienste einspannen lassen, wenn wir in engem Kontakt bleiben mit dem, was für uns wesentlich ist.

»Vergiss nie, wer Du bist« ist das Wesentliche, das Wesenhafte der Freundschaft. Alles, was uns von unserer Bestimmung, von unserem Wesen, wegführt, sind Irrwege.

So lerne ich vergeben

10 Fragen zum täglichen Training

- Habe ich in meinem Leben schon einmal seelische Verletzungen erleben müssen?
- Wie haben solche Verletzungen mein Verhalten im Umgang mit Anderen beeinflusst?
- Habe ich schon einmal jemanden (richtig) verletzt?
- Wie hat die Tatsache, dass ich jemanden verletzt habe, mein Verhalten beeinflusst?
- Habe ich diejenigen, denen ich Verletzungen zugefügt habe, jemals um Vergebung gebeten?
- Wie bringe ich Vergebung zum Ausdruck?

- Wie bitte ich um Vergebung?
- Wer sind die drei wichtigsten Menschen in meinem Leben, die ich um Vergebung bitten sollte?
- Wer sind die drei wichtigsten Menschen in meinem Leben, denen ich vergeben sollte?
- Wie sehen dafür jeweils die nächsten Schritte aus?

Freundschaft mit sich selbst

Um von Anderen verstanden zu werden, muss man die
Anderen verstehen. Um Andere zu verstehen, muss man
zuvor sich selbst verstehen.
Paul Watzlawick

Von der Freundschaft. An und für sich

Nachdem das Fundament unserer Definition der Freundschaft gelegt ist und wir ihren Bau und ihre Pflege besprochen
haben, geht es nun um die bewusste Entwicklung der Freundschaft mit sich selbst. Sie bildet die Basis für andere Anwendungen unseres Konzeptes von Freundschaft. Freundschaft
mit sich selbst ist ein schwieriges Unterfangen, was sich allein
schon daran ablesen lässt, dass es im Deutschen dafür kein positiv besetztes Wort gibt. Sowohl Selbstliebe wie auch Eigen-
liebe oder gar Narzissmus klingen in unseren Ohren negativ
oder zumindest verdächtig. Doch mit sich selbst befreundet
zu sein ist die Voraussetzung dafür, Anderen ein Freund sein
zu können. Bereits Aristoteles weist auf die Bedeutung der
Philautía, der »Selbstfreundschaft«, für Aufbau und Pflege von
Beziehungen zu Anderen hin. Bisweilen auch als »Selbstliebe«
übersetzt, findet sie sich etwas später in Senecas »amicus esse
mihi« (»mir selbst Freund sein«) im 6. Brief an Lucilius und
noch deutlicher formuliert in der christlichen Aufforderung
»Liebe Deinen Nächsten wie Dich selbst!« (Matthäus 19, 19).
So gilt auch im Christentum die Selbstliebe als unverzichtbare
Voraussetzung für die Nächstenliebe und umfassender ge-

dacht als denknotwendige Konsequenz der Liebe zum Schöpfer und seinem Werk.

Wenden wir das, was wir für einen Freund zu tun bereit sind oder bereit zu tun wären, konsequent auf uns selbst an, wird dies – dessen bin ich überzeugt – eine wahre Revolution der Selbstannahme und des Selbstbildes in Bewegung setzen.

Was würden wir nicht alles für einen Freund tun? Uns Zeit nehmen, ihm gut zusprechen, ihn für Gutes loben, ihn in schwierigen Zeiten ermutigen, ihn auf seine Bestimmung verweisen … Wenden wir uns selbst in gleicher Weise zu, werden wir uns wohl kaum egozentrisch entwickeln, im Gegenteil: Wir werden den Sinn des Lebens in psychologischer Hinsicht erfüllen, nämlich ein wahrhaft positives Selbstbild entwickeln, das wiederum weit über uns selbst hinausweist.

Psychologisch gesprochen besteht der Sinn des Lebens darin, sich zu demjenigen Menschen zu entwickeln, mit dem man gerne zusammen ist. Wie sind die Menschen, mit denen Sie gerne zusammen sind? Nehmen Sie ein Blatt Papier und schreiben Sie schnell – in maximal drei Minuten – lauter Eigenschaften auf, die Sie erfahrungsgemäß bei Menschen finden, mit denen Sie gerne zusammen sind. Tun Sie es, bevor Sie weiterlesen. Drei Minuten sind eine überschaubare Investition.

Sehen Sie sich jetzt Ihre Liste an: Sie ermöglicht einen Blick auf Ihr Höheres Selbst. Alles, was Sie notiert haben, steckt in Ihnen! Aber wie können Sie Ihre täglichen Gefühle und Ihr Verhalten an die Realität dieses Höheren Selbst, das in Ihnen steckt, angleichen? Viele Antworten sind denkbar. Da in der Seele, dem Sitz des Fühlens, Körper und Geist untrennbar verbunden sind, haben wir grundsätzlich zwei Einflusswege zur Seele: Unseren Körper und unseren Geist. Beginnen wir mit dem Körper.

Mein Körper. Mein Zuhause

Der Körper eröffnet uns einen Zugang zu unserer Seele. Dabei geht es nicht um die Steigerung der Funktionstüchtigkeit des Körpers im Sinne von Turnvater Jahn, sondern um einen respektvollen, partnerschaftlichen Bezug hinsichtlich des Körpers, der unserem Ich ein Zuhause ist, dieses ausdrückt und widerspiegelt und insbesondere für unsere Entwicklung entscheidende Impulse liefert. Nicht nur in Bezug auf unsere Vergänglichkeit, sondern auch in Bezug auf Signale und Informationen, die uns helfen, unserer Bestimmung gemäß zu leben, wenn wir sie richtig und mutig interpretieren. Wenn wir bloß faulenzen und »Bedürfnisse« im *Quickfix-Approach* befriedigen, mit oberflächlichen, schnelllebigen Vergnügen, führt dies zu Fehlentwicklungen, die sich medizinisch und ökonomisch zeigen lassen (beispielsweise Zucker-Konsum und Übergewicht).

Unser Körper ist das Zuhause unserer Seele, solange wir leben. In unserem Körper sind alle unsere Erfahrungen gespeichert, auch wenn wir uns nicht mehr bewusst an sie erinnern. Dabei können auch schwierige Erfahrungen ins Positive gewendet werden. Dies gelingt, indem ich aus gemachten Erfahrungen lerne, an Weisheit zunehme, und dadurch meinen Bezug zur ursprünglichen Erfahrung ändere, also selber gestalte. Diese Umdeutung ist dann gelungen, wenn ich in meinem Körper ein positives Gefühl spüre.

Ein Zugang zum inneren Selbst führt also über den eigenen Körper. Wer Freundschaft mit sich selbst schließen will, wird auch Freundschaft mit seinem Körper schließen, auf ihn hören und ihm systematisch Gutes tun wollen und diese Freundschaft als »Zwei-Weg- Beziehung« ernst nehmen.

Dies bedeutet, dass ich auf das höre, was mein Körper mir signalisiert. Gefühle wie Freude, Hass, Enge, Druck, etc. gehören zu mir und werden von mir angenommen. Durch meine bewusste Bejahung schaffe ich die Voraussetzung, um diese Gefühle zu verändern. So können im Körper Gefühle von negativ zu positiv transformiert werden.

Das ist die wesentliche Kompetenz des Körpers. Im Körper finden wir zum einen Kräfte, die uns weiterbringen, wie Vitalität und Lebenslust. Wenn wir beispielsweise müde und niedergeschlagen sind, schlägt unser Herz weiter und zeigt uns, dass wir noch leben und Kraft haben und somit trotz der Müdigkeit weitergehen können. In der Atmung und in der Verdauung erleben wir die Abhängigkeit von und das Verwoben-Sein mit unserem Umfeld im Geben und Nehmen, aber auch unsere Ich-Grenzen, unsere Filter: Wir treffen eine Wahl darüber, was wir aufnehmen und was wir abstoßen wollen. Unser Körper holt für sich das heraus, was er zum Leben braucht. Zum anderen können wir im weiter oben beschriebenen Sinne Erfahrungen anders deuten, wodurch deren Be-Deutung verändert wird, was sich wiederum in veränderten Gefühlen zeigt.

Der Körper ist – für die Zeit unseres irdischen Daseins – das Zuhause unserer Seele und ein Teil der Schöpfung, der uns als Element derselben ausweist. Hier sind wir zentriert, hier fühlen und gestalten wir unser Leben und drücken es aus. Hier erleben wir Annahme, wenn wir Freundschaft mit uns selbst schließen, hier erleben wir Vitalität und Transformation.

Damit weist das Körperliche über sich selbst hinaus ins Spirituelle: Freundschaft mit sich selbst ist letztlich eine spirituelle Angelegenheit. Das Körperliche bildet die Basis für mentale, emotionale und spirituelle Gesundheit in Form von Energie und Raum. Demzufolge hat die Freundschaft mit dem eigenen Körper einen positiven Einfluss auf alle anderen Freundschaften im Leben.

Freundschaft mit dem eigenen Körper entwickeln und pflegen wir dabei grundsätzlich nach denselben Prinzipien wie alle Arten von Freundschaft. Die Beziehung zu unserem Körper ist ein Symbol unseres Lebens und unserer Lebensführung. Zunächst einmal ist der Körper stets bei uns und begleitet uns ein Leben lang. Es steht uns frei, mit ihm umzugehen, wie es uns gefällt. Aber wir müssen uns der Tatsache bewusst sein, dass die Konsequenzen unserer Entscheidungen sich unserem Willen entziehen. Niemand ist gezwungen zu rauchen, es ist eine freie Entscheidung. Das damit verknüpfte erhöhte Risiko, später an den Folgen des Rauchens zu erkranken, hängt jedoch von universellen Prinzipien und Naturgesetzen ab und ist keine Frage unserer Willenskraft.

Unser Körper eröffnet uns einen direkten Zugang zu uns selbst. Wer in seinem Leben etwas positiv verändern möchte, beginnt oft am besten mit dem Körper. Bewusste Veränderungen in Ernährungs- und Schlafgewohnheiten oder der Verzicht auf Alkohol, Zucker oder Nikotin bringen einen Energieschub, der in mentalen, emotionalen oder spirituellen Bereichen ganz neue Möglichkeiten eröffnet. Zugleich verschafft eine Veränderung am Körper ein messbares und direkt beeinflussbares Erfolgserlebnis. Das gibt Selbstvertrauen. Wir beweisen uns und der Welt, dass Wandel für uns etwas Positives ist und wir zu Veränderungen fähig sind. Die Rolle des Körpers wurde in der westlichen Zivilisation seit der griechischen Philosophie von Denkern wie Platon, später von Descartes, Hume und Kant und weiter im neuzeitlichen Rationalismus systematisch unterschätzt und vernachlässigt. Das rächt sich heute, wie sich an den einschlägigen Statistiken der sogenannten Zivilisationskrankheiten unschwer ablesen lässt. Jeder Teil unserer Existenz, der unterdrückt oder negiert wird, meldet sich irgendwann wieder zurück und fordert sein Recht, so auch der Körper.

An jedem Kiosk lässt sich für wenig Geld buchstäblich billiges Vergnügen kaufen, das dem schnellen, ablenkungsorientierten Vergnügen dient und den kaum kultivierten Umgang mit dem eigenen Körper widerspiegelt. Am Kiosk gibt es nackte Frauen und Männer, Alkohol, Nikotin, Sensationspresse und viel Zucker in jeder Form. Alles Dinge, die eigentlich auf Lebensbejahendes anspielen (Sexualität, Endorphine, aufbauende Ernährung, soziale Einbindung), hier aber oberflächlich »erledigt« werden und statt Erfüllung eher ein Gefühl der Leere hinterlassen.

Begegnen wir uns selbst. In Würde

Meiner Erfahrung nach ist die Freundschaft mit sich selbst weitaus schwieriger zu pflegen als die Freundschaft mit anderen Menschen. Das ist in der heutigen Zeit mit ihrer hedonistischen Egozentrierung auf den ersten Blick vielleicht schwer nachvollziehbar. Doch bei genauerem Hinsehen wird klar, dass Egoismus und Freundschaft zwei völlig unterschiedliche Haltungen sind. Ich gehe sogar so weit zu sagen, dass die heute so geläufige narzisstische Selbstzentrierung letztlich Ausdruck eines Mangels an Freundschaft mit sich selbst ist.

Freundschaft bedeutet Frieden, auch Frieden mit sich selbst. Getrieben von immer neuen Verlockungen zur Selbstbeglückung und versunken in einer bunten Bilderflut voller Verheißungen will sich aber dieser innere Frieden nicht mehr einstellen. Die permanente Selbstbeschäftigung verstärkt nur die innere Unruhe und vermag letztlich doch nicht über die Unzufriedenheit mit sich selbst hinwegzutäuschen. Grund dafür ist vielfach eine innere Leere, die mit kleinen Dosen von *Instant Gratification* (schnellen Belohnungen) zugedeckt wird, woraus wiederum Suchtverhalten entstehen kann. Langfristig kann innere Leere aber nicht von außen gefüllt werden. Damit wir uns mit uns selbst anfreunden können, müssen wir uns all das Gute zukommen lassen, das wir unserem besten Freund schenken, gemäß dem Bibelwort: »Liebe Deinen Nächsten und wie Dich selbst.«

Im Alltag stelle ich immer wieder erstaunt fest, wie wenige Menschen sich bewusst sind, dass sie nicht in Kontakt mit sich selbst stehen. Sie sind sich selbst kein Freund. Sie scheinen damit zufrieden zu sein, dass sie funktionieren, dringen aber nicht zum Kern ihrer selbst vor. Ihnen gelingt nicht, was Adolph Freiherr von Knigge einst die »Kultivierung des eigenen Ichs« genannt hat. Im Kapitel »Umgang mit sich selbst« in seinem berühmten Buch »Über den Umgang mit Menschen« (1788) hatte der als Pionier der Anstandsliteratur verkannte Soziologe und Philosoph der Aufklärung das Ziel der Selbstfreundschaft klar formuliert: »ebenso vorsichtig, redlich, fein und gerecht mit Dir selber umgehen wie mit Anderen.«

Diese »Pflichten gegen uns selbst«, für Knigge gar die »wichtigsten und ersten«, kommen heute bei so vielen Menschen eindeutig zu kurz. Dabei würden die meisten Menschen – würde man sie darum bitten – für wirklich wichtige Gründe sehr wohl ihre Pflicht erfüllen und sich aufopfern. Doch sie übersehen dabei, dass sie selbst dieser wichtige Grund sein können.

Dieses Phänomen lässt sich sehr gut in Selbstverteidigungskursen beobachten. Selbstverteidigung heißt Verteidigung der eigenen Bestimmung. Achtzig Prozent der Selbstverteidigung ist Psychologie. Das Hauptziel eines Selbstverteidigungskurses ist es, den Teilnehmern die Bereitschaft anzutrainieren, für sich zu kämpfen, Andere zu verletzen, ja im Notfall sogar eher zu töten als getötet zu werden. Hilfreiche Trainingsschritte dafür bietet das sogenannte Ampel-System. Es soll sicherstellen, dass man kommende Situationen zu antizipieren lernt. Bei

Rot muss man die Flucht nach vorne antreten und angreifen. Da den meisten Menschen – auch Männern – besonders der erste Schritt schwerfällt, benutze ich im Training einen Trick. Ich konfrontiere einen Teilnehmer mit folgendem Szenario: Er wird auf einem dunklen Parkplatz von drei Männern verfolgt. Ich frage nach dem Verhalten, das der Mann instinktiv wählen würde. »Ich würde versuchen, so schnell wie möglich zu meinem geparkten Auto zu gelangen.« Dies ist die typische Antwort. Er sieht im Auto die Rettung, die Lösung und übersieht, dass er letztlich das Verhalten eines Opfers gewählt hat. Dann fordere ich ihn auf, sich dieselbe Situation vorzustellen, wobei nicht er, sondern seine Frau, seine kleine Tochter, sein Sohn bedroht wären: »Ich würde kämpfen bis zum Letzten!«, lautet dann meistens die Antwort. Aber warum nur für Andere, warum nicht für sich selbst?

In Freundschaft mit sich selbst zu leben, bedeutet, achtsam zu sein und sich selbst in Würde zu begegnen. Wenn wir vor uns selbst weglaufen, ist dies ein Zeichen mangelnder Freundschaft mit uns selbst und führt zu kompensierenden Handlungen – sei es Arbeitswut, hoher Genussmittelkonsum oder Treuebruch. Aggressionen oder Depressionen stellen gleichermaßen eine Verletzung der eigenen Würde dar, die durch Enttäuschungen von uns selbst herrühren, diese aber in einem Teufelskreis sogleich wieder bestätigen. Auf diese Weise praktizierte Selbstnegation ist also immer auch ein Eingeständnis der eigenen Erniedrigung. Sie ist ein Flucht- und damit ein Opferverhalten.

Daraus lässt sich ableiten und positiv formulieren: Der Sinn des Lebens besteht darin, sich zu demjenigen Menschen zu entwickeln, mit dem man gerne zusammen ist. Deshalb sind der Aufbau und die Förderung der Freundschaft mit sich selbst eine Lebensaufgabe von fundamentaler Bedeutung.

Wie schließt man Freundschaft mit sich selbst?

Meine Erfahrungen als Leistungssportler, aber auch das gerade erzählte Beispiel aus dem Selbstverteidigungskurs haben gezeigt, dass Kampfkunst eine Verbindung zwischen dem Körperlichen und dem Geistigen schafft: Es geht natürlich um physisches Können, doch sind dabei auch Themen wie Leben, Sterben oder Überleben involviert, die über das Physische hinausgehen. Jedenfalls ist Kampfkunst in erster Linie immer Lebenslehre und Charakterbildung.

In der Regel trainiert man Kampfkunst ein Leben lang, in der Hoffnung, sie niemals ernsthaft anwenden zu müssen. Der Gewinn liegt anderswo, nämlich in der Freundschaft mit sich selbst, mit dem eigenen Körper oder durch den Körper mit dem Selbst.

Um als Anwalt der eigenen Bestimmung praktisch arbeiten zu können, müssen wir uns mit unserer eigenen Bestimmung täglich auseinandersetzen. Wie schon beschrieben, liefern uns körperliche (Gefühls-)Signale Informationen, die Abweichungen vom für uns besten Weg angeben oder uns in unserer Wahl bestätigen.

Es gibt aber auch Wege, die Freundschaft mit sich selbst durch geistige Arbeit und dank unserer Vorstellungskraft zu üben und zu pflegen. Hier sei ein faszinierender Weg beschrieben, der ein kleines mentales Experiment voraussetzt:

Aus den USA sind Studien bekannt, in denen Menschen, die älter als 95 Jahre und im Vollbesitz ihrer geistigen Kräfte sind, danach befragt wurden, was sie – könnten sie ihr Leben noch einmal leben – das nächste Mal anders machen würden und was für ein Mensch sie dann gerne wären. Eine naheliegende Antwort wäre wohl: »Nichts! Denn in Anbetracht meines sehr fortgeschrittenen Alters muss ich doch wohl einiges richtig gemacht haben in meinem Leben.« Erstaunlicherweise ließen sich die Antworten jedoch fast unisono in drei Gruppen aufteilen:

1. Ich würde bewusster leben.
2. Ich würde mehr riskieren.
3. Ich würde mehr schaffen, was über mein Leben hinaus Bestand hat.

Ich fordere häufig Seminarteilnehmer auf, sich selbst in diesem Alter und im Vollbesitz der geistigen Kräfte vorzustellen und mit Eigenschaftswörtern zu umschreiben. Regelmäßig werden Wesenszüge genannt wie: dankbar, weise, interessiert, aktiv, ermutigend. Nach dieser ersten Runde sollen die Teilnehmer sich in die Lage dieses alten Menschen versetzen und mit dessen Augen sich selbst im heutigen Zustand (30-, 40-, 50-jährig oder wie auch immer das Alter der Teilnehmenden ist) betrachten und sich fragen: Was würde unser ideales Selbst aus der Position des gereiften Alters, das Leben zum größten Teil hinter sich wissend, uns in unserer heutigen Situation raten? Regelmäßig kommen dabei eine, mehrere oder Kombinationen der genannten drei Antworten zustande.

Die Teilnehmer verstehen so, dass sie das, was ihnen hilft, die Weisheit des Alters abzurufen und einen freundschaftlichen Bezug zu ihrer Zukunft und Bestimmung aufzubauen, bereits heute zur Verfügung haben. Sie profitieren jetzt schon von der Weisheit des Alters, indem sie ihnen in täglichen Entscheidungen Leuchtturm und Orientierung ist.

Dieses geistige Experiment bringt zum Ausdruck, dass Freundschaft und damit Frieden mit sich selbst sehr viel mit der Fähigkeit zu tun hat, für sich selbst vorauszudenken, bleibende Werte zu schaffen und Vertrauen in die eigene Zukunft zu haben. Dabei spielt Dankbarkeit eine zentrale Rolle. Dankbarkeit für das, was einem in der Vergangenheit Positives widerfahren ist, Dankbarkeit für die vielen positiven Facetten der Lebenssituation, in der wir uns gerade befinden. Vor allem aber Dankbarkeit für die Zukunft, die noch offen vor uns liegt. Menschen, die in Freundschaft mit sich selbst leben, verwenden mehr Energie für ihre Zukunft.

Daraus ergibt sich meine Definition von Jungsein: Junge Menschen haben mehr Freude an ihrer persönlichen Zukunft als an ihrer persönlichen Vergangenheit. Junge Menschen stehen jeden Morgen im Vertrauen auf, dass das Beste im Leben noch kommt. Aber das ist keine Frage des Alters. In diesem Sinne kenne ich »senile«, weil nihilistische Teenager ohne Zukunftsvorstellung genauso wie alte Menschen, die dankbar für jeden weiteren Tag sind, an dem sie ihre Ziele weiterverfolgen oder etwas Neues anpacken können.

Analog dazu gilt es, die Kraft und die spielerische Freude, die Neugierde der Jugend zu jedem Zeitpunkt des Lebens wirksam zu erhalten. Wir stellen uns vor, uns selbst im Alter von sieben, acht oder neun Jahren zu begegnen, zum Beispiel auf dem Schulhof. Könnten wir uns selbst in diesem Alter begegnen, was wäre unsere Botschaft an uns, eingedenk des vor uns liegenden Weges? Botschaften wie »sei mutig«, »vertraue Dir«, »Gott schaut für Dich«, »riskiere etwas«, »steh zu Dir«, »glaube, dass Du es schaffen wirst« und viele mehr sind weder oberflächlich noch kompensatorisch, sondern die Stimme der Be-Stimmung! So wird Freundschaft zu sich selbst aktiv gelebt.

Dafür ist es nie zu spät. Der letzte Schritt unserer Übung wartet noch: Wenn wir uns in die Lage dieses Kindes versetzen, das wir mit acht oder neun Jahren waren, wie empfinden wir nun die Begegnung mit diesem älteren Menschen (30, 40, 50, 60 oder 70 Jahre alt)? Meistens sehen wir mit unseren Kinderaugen, dass viel Gutes in uns steckt. Vielleicht kommt uns ein Ausdruck wie »cool« in den Sinn. Jedenfalls sehen wir als Kind, dass dieser erwachsene Mensch Gutes verkörpert, die Begegnung mit ihm viel Potenzial hat und er viel Gutes tun kann. So wird dieses Kind zum Anwalt unserer Bestimmung.

Wir haben jederzeit die Gelegenheit, sowohl dieses Kind als auch den gereiften, älteren Menschen zu befragen. Im Grunde genommen begleiten sie uns ein Leben lang und warten nur darauf, von uns häufiger um Rat und Kraft gebeten zu werden.

Und jetzt ri-tu-a-li-sie-re ich mich!

Jede psychologische Veränderung, sei sie individuell, in einer Beziehung, in einem Team oder in einem Unternehmen, ist eng mit körperlichen Aspekten verknüpft: Neue Sichtweisen, Erkenntnisse und Weisheiten sind immer an Handlungen gebunden. »Wenn Du sehen willst, lerne zu handeln«, betont Heinz von Foerster. Georg Christoph Lichtenberg, ein wichtiger geistiger Vorläufer von Foersters, schreibt: »Wir müssen etwas Neues tun, um etwas Neues zu sehen.« Gleichzeitig erinnert uns der große Wissenschaftler in diesem Zusammenhang an die Notwendigkeit von Ritualen und Symbolen. »Wir brauchen Handlung, Rituale und Symbole. Realität entsteht durch jede Form von Ritualen.«

Eine Wanderung verändert beispielsweise unsere Sicht einer Landschaft. Regelmäßiges Tischgebet verändert die Bedeutung der Mahlzeit. Rituale geben dem Individuum und der Gemeinschaft Halt und erlauben es, das Leben gemäß der eigenen Überzeugungen unabhängig von Motivationsschwankungen und von den Tagesformen zu gestalten und zu leben. Jeder Hochleistungssportler hat seine Rituale, auf die er sich verlässt. Grundsätzlich überschätzen wir in unserer Kultur den Wert von Ereignissen und »einzigartigen« Erfahrungen und unterschätzen den konstruktiven Wert von Prozessen und Gewohnheiten. Einmal ins Fitnesscenter zu gehen ändert nichts Grundlegendes, auch wenn die Erfahrung bestimmt einmalig (im buchstäblichen Sinne) ist. Doch dieselbe Aktivität zweimal in der Woche über sechs Monate hinweg garantiert eine positive Veränderung, sowohl objektiv, zum Beispiel in der körperlichen Verfassung, wie auch subjektiv, in der Selbstwahrnehmung.

Aus meinem Erfahrungsbereich kann ich weiter berichten, dass Kunden sich in der Regel zu viel von einem Seminar erhoffen, dafür aber die Fortschritte, die ein regelmäßiger, systematischer Veränderungsprozess über beispielsweise zwölf Monate mit sich bringt, stark unterschätzen. Rituale tragen uns auch durch dunkle Zeiten mangelnder Motivation hin zu unserer Bestimmung.

Im Beruf spielen Rituale besonders im Hochleistungsbereich eine wichtige Rolle. Sie geben Sicherheit, fördern die Konzentration auf das Hier und Jetzt, koordinieren Körper und Geist und erzeugen einen mental stabilen Zustand. Obwohl wir unter extremem Wettbewerbsdruck stehen, sind wir voller Vertrauen in die eigenen Fähigkeiten, frei von Angst, entspannt, ruhig und bereit für die zu erbringende Leistung. Sehr gut lässt sich dies bei Profisportlern beobachten. So läuft etwa im Golf die Schlagvorbereitung immer genau nach demselben Schema und in derselben Zeitspanne ab. Tritt in dieser Vorbereitungsphase, der sogenannten *preshot routine*, eine optische oder akustische Störung auf, die der Spieler in diesem Moment nicht ausblenden kann, wird er das Ritual abbrechen, vom Ball weggehen und ein paar Sekunden pausieren. Er wird dann das Ritual nicht einfach fortsetzen, sondern komplett von vorne beginnen. Ein Profigolfer wird nach Möglichkeit niemals einen Schlag ausführen, ohne das Ritual vollständig durchlaufen zu haben. Die Schlagausführung ist dann »nur noch« der Abschluss des Rituals, in welchem der Spieler den Schlag geistig bereits vorweggenommen hat. Ohne *pre-shot routine* gibt es keine Visualisierung, d. h. kein klares Bild von der zu erbringenden Leistung, kein Bild von der Zukunft.

Immer gilt: Freundschaft mit sich selbst ist die Voraussetzung, um Anderen ein Freund zu sein. Umgekehrt wird sich durch unser Leben als Anwalt der Bestimmung unserer Freunde unsere eigene Bestimmung entfalten, wodurch unser Leben an Wert zunimmt. Die Entwicklung unserer Welt und unseres Selbst hängen eng zusammen und befruchten sich gegenseitig. Das eine geht nicht ohne das andere. Deshalb ist Freundschaft von zentraler Bedeutung sowohl für die Entwicklung des Einzelnen wie auch für eine starke Gesellschaft.

Für jeden von uns gilt: »Ich bin ein Teil meiner Welt. Wenn ich meine Welt verändern will, muss ich mich verändern. Wenn ich mich verändert habe, hat sich meine Welt verändert.«

Freundschafts-Training mit mir selbst. Morgens, abends, zwischendurch

Am Morgen sollten wir uns nicht nur fragen, was wir heute alles vorhaben bzw. zu erledigen haben, sondern vor allem, wozu wir das alles tun. Diese kleine Änderung der Fragestellung wird uns automatisch auf unsere Motivation hinweisen und uns den Sinn unseres Tuns vor Augen führen. Entsprechend werden wir den täglichen Herausforderungen neu motiviert und mit einer anderen Haltung begegnen.

Ein freundschaftlicher Umgang mit uns selbst – und zwar durch Körper und Geist – ist von ausschlaggebender Bedeutung für ein sinnerfülltes Leben. Dies beginnt mit alltäglichen Ritualen wie dem Aufstehen am Morgen. Ich empfehle für den Morgen einfache physische Aktivitäten und folgende Fragen, die ich bewusst visualisiere.

Am Morgen frage ich mich

- Worüber bin ich glücklich in meinem Leben? Was macht mich glücklich? Welche Gefühle weckt das in mir?
- Was begeistert mich in meinem Leben? Was könnte mich begeistern?
- Worauf bin ich stolz? Was löst das in mir aus?
- Wofür bin ich in meinem Leben dankbar? Welche Gefühle und Gedanken weckt das in mir?
- Was genieße ich in meinem Leben? Welche Gefühle weckt das in mir?
- Wofür habe ich mich *committed* in meinem Leben? Was bewegt das in mir? Wie fühle ich mich dabei?
- Wen liebe ich? Wer liebt mich? Was macht mich liebesfähig? Was macht mich liebenswert? Was löst das in mir aus?

Am Abend frage ich mich

- Was habe ich heute gegeben? Inwiefern war ich heute ein Gebender?
- Was habe ich heute gelernt?
- Wie wird mir dieser Tag als Basis für die Zukunft dienen?
- Wie hat dieser Tag mein Leben bereichert?

Allgemeine Fragen

- Behandle ich meinen Körper wie einen Freund?
- Wenn ich meinen Körper wie einen Freund behandeln würde, was würde ich anders machen?
- Was hat die konsequente, mindestens 14-tägige Anwendung der in diesem Kapitel vorgeschlagenen Morgen- und Abendrituale für mich verändert?

- Widerspiegelt mein Lebensstil einen freundschaftlichen Bezug zu meinem Körper, als Anwalt seiner Bestimmung?
- Wenn ich ganz still (im umfassenden Sinn) bin, welche Signale steigen dann aus meinem Körper in mein Bewusstsein?
- Was würde ich für einen Freund alles tun?
- Was verändert sich, wenn ich das Gleiche für mich tue?
- Wann kommt Glanz in meine Augen? Wenn ich von meiner Zukunft oder wenn ich von meiner Vergangenheit spreche?
- Bin ich ein Segen für mein Umfeld? Warum? Wie kann ich für mein Umfeld eine noch größere Bereicherung sein?
- Was könnte ich an meinem körperlichen Fitnessprogramm verändern, um mein Selbstvertrauen zu verbessern?
- Auf welche positiven und erhebenden Gefühle kann ich bei Bedarf zurückgreifen, um besser mit Stresssituationen umgehen zu können?
- In welchen Momenten meines Lebens war ich (besonders) stolz auf mich?
- Welche fünf Eigenschaften schätzte ich in diesem Moment an mir selbst am meisten?
- In welcher Situation kann ich diese Eigenschaften voll zur Geltung bringen?

Freundschaft zwischen Mann und Frau

Die einzige Möglichkeit, als Mann vernünftig mit
einer Frau zu leben, ist, sie zu lieben.

Unerfahrene Männer heiraten die Frau, die sie lieben.
Erfahrene Männer lieben die Frau, die sie heiraten.
Margaret Thatcher

Frauen – so die einschlägige Ratgeberliteratur – sind anders, Männer auch. Wohl kaum ein Grunddualismus der menschlichen Existenz reizt solchermaßen zur Analyse und gibt Anlass zu so viel Gesprächs- und Lesestoff wie das Verhältnis zwischen Frau und Mann.

Von Freundschaft ist dabei eher selten die Rede, und spätestens seit dem Film »Harry und Sally« ist man in guter Gesellschaft mit der These, dass Mann und Frau ohnehin niemals echte Freunde sein können.

Aber was dann? Und wie ließen sich tradierte chauvinistische Attitüden einerseits und feministische Beißreflexe andererseits endgültig aufheben zu Gunsten einer wertschätzenden Begegnung der Geschlechter – wenn nicht mit unserem Konzept der Freundschaft? Aber gefährdet am Ende der Begriff »Freundschaft« nicht die Spannung, die wir in einer Zweierbeziehung zwischen Mann und Frau benötigen, damit das Feuer der Leidenschaft weiter lodert?

Bei der Beschreibung von Freundschaft als Immunsystem der Gesellschaft kommen wir noch aus einem ganz anderen Grund an der Beziehung zwischen Frau und Mann nicht vorbei. Schließlich ist sie die (bio)logische Voraussetzung für die

Familie, die wiederum als Keimzelle und Garant gesellschaftlicher Stabilität und Entwicklung gilt. Angesichts der dramatisch reduzierten Geburtenrate in unserem Kulturkreis kommt diesem Punkt eine umso größere Bedeutung zu. Die hohe Scheidungsrate wirft zudem die Frage auf: Was vermag Frau und Mann im Beziehungsalltag zusammenzuhalten, jenseits reiner Routine, gemeinsamer Trauer über den Verlust von Lebensträumen oder der Verpflichtung den Kindern gegenüber? Kurz: Jenseits von angstgetriebener Motivation?

Kann Freundschaft zwischen Frau und Mann in unserem Sinne den notwendigen Beitrag zur Lösung der unzähligen Beziehungsprobleme leisten? Wenn ja, wie gestaltet sich Freundschaft zwischen Frau und Mann und wie können wir an ihr arbeiten? Und: Worin unterscheidet sich diese ganz besondere Form der Freundschaft von allen anderen Arten? Was ist für das Gelingen von Mann-Frau-Beziehungen Besonderes nötig?

Gleiches oder Gegensätzliches?

Die Antwort auf die letzte Frage des Textes lautet: Der Unterschied zwischen einer exklusiven Paarbeziehung und jeder anderen Form von Freundschaft ist die Leidenschaft. Man könnte durchaus formulieren: Eine Paarbeziehung ist Freundschaft im umfassenden Sinne plus Leidenschaft (viele würden in der Chronologie der Entstehung von Paaren wohl die Reihenfolge umkehren, was aber in einer Addition zum selben Ergebnis führt). Es geht darum, einerseits Freundschaft zu entwickeln und andererseits die Leidenschaft am Leben zu erhalten.

Prima vista bedeutet dies insofern die Quadratur des Kreises, als das landläufige Verständnis von Freundschaft darauf zielt, sich mit Menschen zusammenzufinden, die »ähnlich ti-cken«, denn: »Gleich und Gleich gesellt sich gern.« Anderer-seits gilt aber bezüglich der Leidenschaft genau das gegentei-lige Motto: »Gegensätze ziehen sich an.« Auch das ist dem Volksmund bekannt. Wenn nun beides stimmt, stellt sich die Frage: Wie können diese beiden, einander zunächst wider-sprechenden Ansätze zusammen gedacht und gelebt werden? Die Antwort liefert unsere Definition von Freundschaft: Zwi-schen Frau und Mann kann es in der Tat dann langfristig funk-tionieren, wenn wir Freundschaft im hier dargelegten Sinne entwickeln, indem wir uns als Partner je zum Anwalt der Be-stimmung (der Fähigkeiten, der Sehnsüchte und Träume, der Neigungen) des Gegenübers machen und gleichzeitig zum Anwalt der unterschiedlichen Geschlechtlichkeit des jeweili-gen Gegenübers, was die Unterschiede stärkt und betont. Als Mann muss es mir also darum gehen, die Weiblichkeit meiner Frau zu fördern und gleichzeitig habe ich mir den Freiraum zu nehmen, meine Männlichkeit zu stärken. Doch vertiefen wir uns zunächst einmal in das Problem, welches – nach meinen Beobachtungen als Coach – im Alltag weitreichende und ein-schneidende Schwierigkeiten mit sich bringt.

Himmel oder Hölle?

Mein Vater hat in seiner über 50-jährigen Tätigkeit als Pfar-rer viele Trauungen vorgenommen. Immer wieder erzählte er am Schluss der Zeremonie die Geschichte einer alten Frau, die ihm als jungem Mann das Wort »Ehe« aufgeschlüsselt hatte: Die beiden »E« von »Ehe« stünden demnach für den einen und für den anderen Ehepartner. Das »H« in der Mitte be-deute je nachdem »Himmel« oder »Hölle«, meinte sie. Mein Vater pflegte dann diese für die Anwesenden zumeist erheiternde Geschichte mit der Übergabe einer Trau-Bibel an das Paar abzuschließen, mit den Worten: »Damit die Wahrscheinlichkeit zu Gunsten des Himmels steigt, empfehle ich die wiederholte Lektüre dieses Buches.«

Der Ernst der Geschichte liegt darin – und dessen gemahnen uns die hohe Scheidungsrate und die vielen Geschichten, die man über Ehen hört –, dass die Institution Ehe äußerst schwierig zu gestalten ist. Ökonomische und soziologische Veränderungen mögen diesen Punkt in den letzten Jahrzehnten akzentuiert haben, der Kern der Schwierigkeiten liegt aber in der Anlage: Wie bereits beschrieben geht es darum, einerseits die Freundschaft als tiefe Vertrauensbeziehung aufzubauen und zu pflegen und gleichzeitig die Kunst der Erhaltung der Leidenschaft, ohne die eine Ehe tatsächlich allein zur Freundschaft verkommt, auszubauen. Bei diesem Unterfangen begegnen wir der kaum hinterfragten, geschweige denn widersprochenen Überzeugung, wonach Leidenschaft ganz automatisch mit zunehmendem Alter, sowohl der Beteiligten wie auch der Beziehung selbst, abnehmen muss. Dafür gibt es eine Vielzahl von Belegen. Nun widerspreche ich dieser Überzeugung. Ich ahne dank meiner Arbeit mit Menschen, dass der Grund für dieses Phänomen der auslaufenden Leidenschaft viel eher auf den Mangel an *Know-how* des Erhaltens von Leidenschaft zurückzuführen ist – genauso wie beim Wissen um die Kunst der Freundschaft.

Von Berufs wegen habe ich zumeist mit mächtigen Männern zu tun. Es ist nicht übertrieben, wenn ich sage, dass die meisten von ihnen im Gegensatz zu ihrer beruflichen Situation zu Hause ohnmächtig sind. Bei mindestens der Hälfte dieser beruflich mächtigen Männer kann ich nach einigen Begegnungen mit Sicherheit feststellen, dass sie von zu Hause mehr Gegen- als Rückenwind erhalten. Sie sind nicht zur Arbeit freigesetzt. Sie setzen sich eher mit schlechtem Gewissen ein, weil sie zum einen zu Hause keinen echten Boden mehr unter den Füßen haben und zum anderen die Entwicklung spüren, dass ihnen ihre Arbeit immer »heimlicher«, ihr Zuhause dagegen immer »unheimlicher« wird. Ihr innerer Spagat wird größer, wofür dann Allgemeinplätze wie »Leidenschaft nimmt mit der Zeit ab« erklärende Erleichterung verschaffen.

In der Regel erkenne ich das nicht nur an einer inneren Verkrampfung, die sich wie eine angezogene Handbremse überall ein bisschen negativ auf die Leistungsfähigkeit, auf die Motivation und auf die Ausstrahlung dieser Männer auswirkt, sondern ziemlich schnell auch an einer bestimmten Art von Scherzhaftigkeit zeigt, die sich in Lachen und Erfinden von neuen Geschichten äußert, wie auch durch eine gewisse Hilf- und Hoffnungslosigkeit gegenüber dem, was ihnen am wichtigsten wäre, wo sie aber eigentlich die Segel schon gestrichen haben: Das Glück ihrer Ehe, das die Männer meistens an der Zufriedenheit ihrer Frau festmachen.

Die meisten Frauen, mit denen ich durch meine Arbeit tiefe und ehrliche Gespräche führen kann, halten es kaum für möglich, wenn ich ihnen erläutere, dass alle Männer – entgegen dem, was sie im Alltag zu beobachten meinen – das Glück ihrer Ehepartnerin für die Bestimmung ihres eigenen Selbstvertrauens höher bewerten als den Erfolg bei der Arbeit. Der Lebensstil dieser Männer spricht in den Augen ihrer Frauen meistens eine andere Sprache, weil sie viel mehr Energie in ihre Arbeit investieren als in das Familienleben zu Hause. Dass dies bereits die Konsequenz einer inneren Entscheidung ist, nämlich dass die Männer meinen, keine Chance zu haben, zu Hause ihren Mann zu stehen, es sei denn durch äußeren Erfolg, finanzielles und soziales Prestige, ist den wenigsten bewusst – Frauen genauso wenig wie Männern. Die daraus entstehenden Frustrationen und Selbstentwertungstendenzen gefährden die gegenseitige Attraktivität.

Die in unseren Breitengraden und in unserer Zeit weit verbreitete Gleichmacherei (»Neutralität«) bietet hierbei keine Lösung, vielmehr erstickt sie die Leidenschaft im Kern. Denn: Leidenschaft entsteht durch Polarität, durch starke Unterschiede!

Zu meinen Freunden zähle ich einen weit gereisten, zurückhaltenden Südamerikaner. Erst als wir uns eine geraume Zeit kannten, wagte er folgende Frage: »Wie handhabt Ihr Schweizer das zwischen Mann und Frau? Hier in Zürich liegt so gar keine Spannung, keine Verführung, keine Leidenschaft in der Luft, nichts!« Klischees hin oder her, in gewisser Weise hat er recht: Schweizer und Schweizerinnen erscheinen in der Tendenz neutral und jenseits der Kategorien maskulin und feminin mit den entsprechenden Attributen und Verhaltensweisen. Als Schweizer kann ich diese Beobachtung gut nachvollziehen, zumal ich durch meine Jugend und Erziehung unter dieser fehlenden Polarität selber lange litt.

Meine Herkunftsfamilie war diesbezüglich nicht untypisch. Die Beziehungspflege meiner Eltern hatte innerhalb der Familie die Männlichkeit meines Vaters im Laufe der Jahre richtiggehend »dekonstruiert«, die Mutter war die Autorität. Als kleiner Junge blickte ich noch zu meinem Vater auf, mit fortschreitender Jugend beschlich mich mehr und mehr der Verdacht, es wäre wohl »besser«, eine Frau zu sein als ein Mann. In der Konsequenz konzentrierte ich mich stark darauf, die Frauen in meinem Umfeld zu unterstützen und vernachlässigte darüber meine Maskulinität.

Es hat mich schließlich während meiner Ausbildung zum Therapeuten eine längere Analyse gekostet, um herauszufinden, dass meine in der Jugend angelegten Identitätsprobleme einem Mangel an positiven männlichen Vorbildern geschuldet waren. Zunächst war ich verblüfft, denn ich empfinde mich als sehr selbstbewusst und mutig, zumindest nach »Schweizer

Standard«, und was meine sportlichen und beruflichen Belange betrafen, stand ich ja – äußerlich – meinen Mann. Genauso habe ich es mir vor vielen Jahren problemlos zugetraut, eine Firma zu gründen, obwohl ich keinerlei betriebswirtschaftliche Ausbildung hatte.

Aber wenn es um mein Selbstvertrauen als Mann ging, fragte ich mich ständig: »Genüge ich als Mann in den Augen einer Frau? Bin ich ein guter Ehemann? Bin ich als Mann attraktiv?« Diese Gedanken waren ein Überbleibsel meiner Kindheitserfahrungen. Es war, als glaubte ich immer noch, es sei weniger wert, ein Mann zu sein als eine Frau, weil es schließlich die Frau ist, die die Kinder zur Welt bringt und großzieht und die Familie zusammenhält – also Sinnvolles tut. Was hat denn ein Mann – als Mann – schon zu bieten?

Ob wir es merken und zugeben oder nicht: Männer stellen sich selbst bezüglich ihrer geschlechtlichen Identität beinahe permanent in Frage. Sie betrachten diesen Zustand der Unsicherheit schon beinahe als normal, weil ihnen bereits in der Kindheit vermittelt wurde, dass sie zeit ihres Lebens unter Leistungsbeobachtung stehen werden, von Seiten der (männlichen) Konkurrenz genauso wie von den interessierten Frauen. So werden heranwachsende Männer dazu angehalten, darauf zu achten, dass sowohl eine etwaige feminine Seite an ihnen nicht zu dominant wird. Im Gegenteil aber erleben sie, dass ausgeprägt maskuline Verhaltensweisen sehr skeptisch beobachtet und ablehnend kommentiert werden. Jeder weiß, dass weder »Macho« noch »Frauenversteher« ein Kompliment ist, auch nicht aus dem Munde einer Frau. Die Frage, was denn ein richtiger Mann ist, weist von sich aus schon auf den Mangel an als gegeben erlebter und nicht hinterfragter Männlichkeit. Alle »Reparatur-Versuche« an der Oberfläche, sei es vorgetragene Einfühlsamkeit oder eine Fassade von gesuchter Maskulinität, verschärfen das Problem der inneren Verunsicherung, weil nicht einmal der momentane »Erfolg« einer solchen Anpassung eine echte Lösung des Kernproblems schafft. Es fehlt eben der Kern: Die Zentriertheit in der eigenen Geschlechtlichkeit, die als positive Basis einer sinnvollen Bestimmung angenommen wird.

Der 22. November 1963 war ein weltweiter Schock, vergleichbar mit dem 11. September 2001. John F. Kennedy, der Präsident der Vereinigten Staaten, war vor laufenden Kameras in Dallas erschossen worden. Wenige Tage danach fand die Beerdigung statt, die in alle Welt übertragen wurde. Ich erinnere mich gut, wie ich mit meinen Eltern vor dem Schwarz-Weiß-Fernseher saß und als fünfjähriger Junge nicht begriff, worum es hier wirklich geht. Aber die Ergriffenheit war allenthalben zu spüren. Und dann sah ich, wie offensichtlich »wichtige« Männer, Offiziere, Politiker, etc. ihren Gefühlen freien Lauf ließen und vor laufenden Kameras weinten. Da sagte meine Mama zu mir: »Siehst Du, Philipp, das sind richtige Männer! Die stehen zu ihren Gefühlen.«

Richtige Männlichkeit kann nur von Männern kommen. Vergleichen Sie dazu zum Beispiel die Arbeiten von Richard Rohr, einem Franziskanerpater, der im Bereich der Männerarbeit viel tut, oder von Anselm Grün, einem Benediktiner. Beide Autoren können Männern wesentliche Hinweise zur Entdeckung und Entwicklung ihrer Identität als Männer geben.

Kommt mein Vertrauen in meine Männlichkeit von Frauen, also von der Mutter statt vom Vater, verliere ich als Mann meine innere Mitte und bin abhängig vom Feedback von außen (von Frauen). Das Resultat davon ist häufig eine »Risiko-Diversifikation«, was sich in Beziehungen mit vielen Frauen äußert und dem Mann im Endeffekt seine innere Mitte und damit seinen inneren Frieden raubt. Dabei ist es gerade in der Adoleszenz wichtig, dass junge Männer durch reife Männer einen Eindruck von positiver Männlichkeit und eine Anleitung für die Entdeckung ihrer eigenen Identität als Mann erhalten, damit ihr Referenzsystem nach innen, in ihren Kern hineinwachsen kann. Wie also kann unsere Definition von Freundschaft in diesem komplexen und ambivalenten Lebensbereich Verwendung finden?

Die hier beschriebene Schwierigkeit, Freundschaft und Leidenschaft zusammen zu entwickeln und zu leben, wird von unserem Konzept von Freundschaft transzendiert: Als Ehemann bin ich der Anwalt der Bestimmung meiner Frau, ihr als Person zur Förderung ihrer Talente, Fähigkeiten und Möglichkeiten verpflichtet und gleichzeitig der Förderung ihrer Weiblichkeit, was mich wiederum in meinem Mann-Sein stärkt. Dabei ist es wichtig zu betonen, dass es nicht ihre Reaktion auf mein Handeln ist, die mein Mann-Sein bestätigt, sondern mein Handeln selbst. Mein direktes Fördern und indirektes Freisetzen von Weiblichkeit, besonders meiner Frau, ist für mich als Mann der Schritt zur eigenen Identität.

Für Frauen gilt im Wesentlichen das Gleiche mit umgekehrten Vorzeichen. Aus Sorge, als Frau nicht genug wert zu sein, hoffen Frauen speziell in den nach wie vor existierenden Männerwelten auf eine erhöhte Akzeptanz, wenn sie sich derselben Verhaltensweisen, Rituale und Symbole bedienen wie ihre männlichen Gegenüber. Von ihren Geschlechtsgenossinnen daraufhin nicht selten des Verrats an der gemeinsamen Sache bezichtigt, kämpfen auch sie mit Identitätsproblemen. Insgesamt ist dies eine Ausgangslage, die die gegengeschlechtliche Freundschaft leichter möglich macht, die gegenseitige Förderung der Geschlechtlichkeit aber erschwert, wodurch Anziehung und Abstoßung zugleich entstehen.

Vor allem aber dringen wir so nicht zum Kern des Themas vor. Dieser heißt: Wie können Frauen ihre Weiblichkeit und

Männer ihre Männlichkeit stärken und entfalten? Diese Polarität bildet nämlich die Basis für nachhaltige Leidenschaft. Freundschaft zwischen den Geschlechtern respektiert die Polarität zwischen Maskulinität und Femininität nicht nur, sie fördert und genießt sie auch. In den letzten zehn Jahren wurde vieles getan, um die seelischen Unterschiede zwischen Mann und Frau zu entschlüsseln. Das ist lobenswert und interessant, bleibt aber beim bloßen Verstehen stehen. Es ist wichtig, einander zu verstehen und in den je eigenen Verschiedenheiten anzunehmen. Dabei geht es aber mitnichten um »Kompromisse«, schon gar nicht um faule, die dadurch entstehen, dass man sagt: »Ich gebe Dir das, dafür bekomme ich das.« Das ist bloßer Handel, ein Kuh-Handel womöglich, bei dem man sich latent immer über den Tisch gezogen fühlt. Es geht in einer Freundschaft darum, das jeweilige Gegenüber in seinem Anderssein zu fördern und zu genießen. Anwalt der Bestimmung (also Freund) in einer exklusiven Partnerschaft zu sein bedeutet, uns zum Anwalt der Andersartigkeit des Gegenübers zu machen! Als Männer fördern und genießen wir weibliche Eigenarten und Sichtweisen, gegebenenfalls auch ohne sie zu verstehen – wir schließen so Freundschaft mit dem Weiblichen, mit der Weiblichkeit. Das führt zu zentrierter, entspannter und wirkungsvoller Männlichkeit. Analog wird eine Frau gerne das Zelebrieren von konstruktiven Männlichkeits-Ritualen ihres Mannes fördern, weil sie sich in der Konsequenz davon einerseits im Entwickeln ihrer Weiblichkeit und ihren diesbezüglichen Freiräumen bestätigt fühlt und andererseits direkt von der Männlichkeit ihres Mannes profitieren wird in Form von Leidenschaft und Sicherheit.

Eine eher »männliche« Frau wird ihren eher »weiblichen« Partner auf Dauer womöglich langweilig finden. Falls nicht, ist die Gefahr dauerhafter Streitigkeiten bzw. von Spannungsarmut und Langeweile groß. Zum einen auf Grund der latenten Konkurrenzsituation und zum anderen, weil die Frau sich in ihrer Weiblichkeit von ihrem Mann zu wenig wahrgenommen und bestätigt fühlt und umgekehrt. Häufig liegt die Ursache dafür in einer belastenden Beziehung zu ihrem Vater, der ihre Weiblichkeit nicht beschützt und unterstützt hat und dessen Erziehung primär darin bestand, sie herauszufordern. Sie sollte sich die Liebe des Vaters verdienen, sie erzwingen, was ihre Weiblichkeit verletzte. Das ist Liebe nicht um ihrer selbst willen, sondern gegen Leistung. Dies ist die eigentliche Verletzung, gegen die sich die Frau mit dem Entwickeln der – männlichen – Leistungskompetenz schützen will. Weshalb sie nicht allein dafür lieben, dass sie da ist, allein dafür, dass sie eine Frau ist?

Die Unterschiede zwischen Männlichkeit und Weiblichkeit können auf vielen Wegen hergeleitet werden. Gehen wir von der biologischen Konstitution und der sich daraus ergebenden Aufgabe der Erhaltung der Menschheit aus und akzeptieren wir die Sicht, dass der Mensch an sich eine Einheit bildet, ergo biologisch leicht beschreibbare Wesens-Unterschiede ihre Entsprechung im »Seelenhaushalt« haben müssen. So sehr sich in einer atomisierten Gesellschaft die Rollenbilder verwischt haben – als Psychologe gehe ich davon aus, dass das über Jahrtausende eingeübte geschlechtsspezifische Selbstverständnis auch in unseren Zeiten tief aus dem Unterbewusstsein heraus wirksam ist.

Bildhaft gesprochen wird der »ideale Mann« zum Leibwächter seiner Frau: Er dient seiner Frau, indem er ihr Sicherheit gibt, ohne ihr Wunscherfüller zu sein. Letztlich ist er bereit, für sie sein Leben zu geben, wird aber nicht automatisch tun, worum sie ihn bittet, sondern nur, was er in ihrem Interesse für richtig hält, das heißt, was ihr wirklich dient. Analog zeigt sich die »ideale Frau« als Cheerleaderin. Männer suchen Bewunderung!

In unseren Breitengraden steht eine Cheerleaderin nicht gerade weit oben auf der Liste von bewunderten Vorbildern. Lassen Sie mich deshalb kurz erläutern, worum es dabei geht. Durch das freudvolle Bewundern des Mannes wird ihm der Druck genommen, zeigen zu müssen, wie toll er ist. In der Regel ist es für eine Frau wertvoll, wenn ein Mann mit angenehmer, Geborgenheit ausstrahlender Präsenz ihr gegenübertritt. Dies gelingt Männern nicht immer, da in ihnen ein »innerer Feind« gegen sie ankämpft: Der Zweifel des Mannes an sich selbst. Die Cheerleaderin gibt ihm nun die Sicherheit: »Du bist super« und ermöglicht ihm dadurch, in seine Mitte zu finden, Druck abzulassen.

Als Fan von altmodischen amerikanischen Beziehungsfilmen der 1960-er Jahre (z. B. »Bettgeflüster« mit Rock Hudson und Doris Day) finde ich es immer noch spannend, wie damals – als wenig reflektiertes Stereotyp – die »amerikanische Hausfrau« ihren Mann am Abend, wenn er von anstrengender Arbeit nach Hause kommt, begrüßt: Sie eilt ihm gleich an der Tür entgegen, nimmt ihm die Tragtasche und den Mantel ab, lächelt ihn an, bewundert ihn (»Cheerleaderin«) und bietet ihm sofort einen Drink an. Was nicht mehr in unser heutiges Partnerverständnis passen mag – und im Übrigen auch gesundheitlich etwas fragwürdig erscheint –, drückt aber nichtsdestotrotz ein wesentliches Prinzip aus: Der Mann soll aus seinem Alltagsstress »rausgeholt«, eben gemittet werden, damit er für die Frau »genießbar« wird. Das ist die tiefere Absicht der Metapher Cheerleaderin.

Unser Konzept der Freundschaft muss also im Bereich der Zweierbeziehung mit einer Polarität, die Leidenschaft erzeugt, ergänzt werden. Zwischen den Geschlechtern braucht es die Polarität zwischen Maskulinität und Femininität. Als Mann freunden wir uns mit der anderen Seite der Polarität, der Weiblichkeit. Ihr dienen wir, indem wir sie in der Entfaltung

153

ihrer Bestimmung fördern und schützen. Als Frau gilt natürlich das Analoge.

Unser Wesen ist Beziehung

Die zu Beginn des Kapitels angesprochene »Quadratur des Kreises« ist das viel beschriebene Geheimnis der Ehe. Ihr Gelingen zeigt sich nicht erst nach einer gewissen Zeit der Eheschließung, sie zeigt sich bei genauer Betrachtung schon in der Phase des Kennenlernens. Immer wieder treffe ich Menschen, die im Ernst von sich behaupten, keine Beziehung zu brauchen bzw. dass sie als Partnerin oder als Partner deshalb schon nicht taugen würden, weil sie zu anspruchsvoll geworden seien.

Es ist wichtig zu betonen, dass wir als Beziehungswesen sehr wohl das Bedürfnis nach Beziehung haben, dass wir vor allem aber Beziehungswesen sind! Wir leben in Beziehungen und wir sind das Resultat einer Beziehung. Beziehungen sind also nicht nur das Vergrößerungsglas des Lebens, in dem Freuden und Schmerzen und Leiden vergrößert werden, sondern auch Ausdruck unseres Wesens, das in Beziehungen stattfindet: Sie sind das Maß unserer Persönlichkeitsentwicklung. Anders gesagt ist eine Persönlichkeitsentwicklung, die sich nicht in einer Zunahme an Beziehungsfähigkeit äußert, keine! Ich beobachte bei vielen Menschen, die keine feste Partnerbeziehung haben, dass sie abstumpfen und sich ängstlich hinter eine Fassade des Abwägens von Vor- und Nachteilen von Beziehungen zurückziehen. Ich höre solche Menschen häufig sagen, den perfekten Mann bzw. die perfekte Frau gebe es halt nicht. Den suchenden Männern, die Frauen gegenüber mit einem Katalog von Kriterien auftreten, pflege ich zu sagen, ich würde ein perfektes Rezept kennen, wie sie diese perfekte Frau doch noch finden können. Meistens interessieren sich diese Männer dann für mein »Rezept«, wobei meine Antwort sie dann häufig etwas enttäuscht: Die perfekte Frau zieht Mann automatisch an, wenn man der perfekte Mann ist.

Also ist man wieder auf sich selber zurückgeworfen, auf die Arbeit an sich selbst. Das gibt Hoffnung: Niemand ist »von der Marktlage« abhängig. Frauen wiederum jammern, sie fänden keinen Mann. Sie sehen sich umgeben von Egomanen, Schwächlingen und Jammerlappen – denen sie aber dann doch ihre Telefonnummer geben. Zu lieben – so Antoine de Saint Exupéry – heißt nicht, den Anderen dauernd anzuschauen, sondern gemeinsam in dieselbe Richtung, also zur Bestimmung, zu blicken.

Ehen leben statt reglementieren

Ehen oder Zweierbeziehungen lassen sich nicht »organisieren«. Das weiß ich aus eigener Erfahrung. Meine erste Ehe dauerte zwölf Jahre. Sechs davon mit Eheberatung. Wir lassen uns nicht vorwerfen, wir wären zu faul gewesen und hätten es nicht ernsthaft miteinander versucht. Aber alles, was wir von der Eheberatung mitbekamen, waren Regeln und nochmals Regeln. Ich erinnere mich an einen Tag, an dem ein Freund von uns mit einem großen Poster »Die zehn goldenen Regeln« vorbeikam und es an unsere Schlafzimmertür klebte. Täglich starrte uns die Richtschnur rechten Verhaltens als stummer Beleg unseres Versagens an. Das war sehr deprimierend und wenig hilfreich.

Anders als die Flut von Ratgeberliteratur zum Thema Liebe, Partnerschaft, Ehe und Sex uns glauben machen will, lässt sich Freundschaft zwischen Mann und Frau meiner Meinung nach nicht in ein Regelwerk gießen. Was, wenn ich im Laufe der

Zeit immer neue Regeln benötige, um die Durchführung und Einhaltung von Regeln zu regeln? Welche »Durchführungsverordnung« greift, wenn Regel Sieben verletzt ist? Welche »Oberregel« bringt das wieder in Ordnung? So etwas hört nie auf. Regeln bleiben eine äußere Richtschnur, eine Anweisung von außen. Zudem hat die Menschheit diesen »Weg der Ordnung« bereits beschritten. In der Theologie nennen wir das Legalismus, im Alltag kennen wir seine Auswüchse zum Beispiel aus dem Steuerrecht. Einstein erinnert uns daran, dass wir ein Problem nicht auf der Ebene lösen können, auf der es entstanden ist. Zunächst müssen wir unsere Einstellung dazu ändern. Problemlösung ist eine Frage der (veränderten) Haltung und nicht die eines zusätzlichen Regelwerks.

In der Freundschaft zwischen Mann und Frau geht es nicht darum, einander besonders ähnlich zu werden oder zu sein, in der falsch verstandenen Hoffnung, dadurch einander möglichst nahezukommen. Es geht darum, Anwalt der persönlichen und Anwalt der geschlechtsspezifischen Bestimmung des Partners zu sein, also ein »doppelter Anwalt«.

Die Quadratur des Kreises gelingt

Partnerschaft darf nie auf den Austausch von Bedürfnissen reduziert werden. Als »doppelter Freund« im Hinblick auf die Bestimmung sowie das Geschlecht des Partners werde ich zum »doppelten Anwalt« meines Gegenübers, was mich in doppelter Hinsicht nach vorne treibt und mich zum Wachstum zwingt. So erkenne ich im Anderen seinen wunderbaren Geist und glaube an seine Person, was mir auch scheinbar unüberwindbare Hindernisse im Alltag ertragen hilft, wie dies der Oscar-prämierte Film »A Beautiful Mind« zeigt, in dem die Ehe dargestellt wird, die den genialen, aber psychisch kranken Mathematiker John Nash am Leben erhält. Zugleich fördern wir uns in den physisch verankerten, seelisch relevanten geschlechtlichen Verschiedenheiten. Diese doppelte Anwaltschaft der Bestimmung des Partners passt gut zu Forschungsergebnissen, die geglückte Ehen untersuchten. Ihr Ergebnis: Bei glücklichen Ehen findet sich häufig die sogenannte *double vision*, die doppelte Sicht des Partners: Man sieht den Anderen einerseits realistisch, wie er ist, gleichsam mit dem »analytischen Auge«; andererseits sieht man mit dem »Bestimmungsauge« dessen Potential, dessen Möglichkeiten, und idealisiert diese in ungezwungener Weise.

Geschlechtlichkeit, so tief und bereichernd sie in ihrem Vollzug erlebt werden kann, ist doch immer wieder ein Hinweis darauf, dass »ich alleine nicht genüge«. Ich kann immer nur ein Teil des Ganzen sein, so dass in der Geschlechtlichkeit meine Individualität bereits transzendiert wird und auf das größere Ganze verweist, das nur in einer lebendigen und lebensbejahenden, entwicklungsorientierten Beziehung gelebt werden kann, aus der neues Leben entsteht.

Indem wir zum Forscher und Förderer des anderen Geschlechtes werden, über die Andersartigkeit des Anderen staunen und bewundernd die Spannung, die dadurch zwischen uns beiden entsteht, bejahen können, finden wir zu uns selbst und zu den uns innewohnenden Möglichkeiten. Dies beugt der Gefahr vor, aus Ehepartnern »gute Freunde« zu machen, die letztlich wie Bruder und Schwester, im besten Falle in einer würdigen Form, in einem »Arrangement« leben und sich damit in der einen oder anderen Form um die Leidenschaft bringen. Natürlich braucht es Mut, zu seinen Andersartigkeiten zu stehen und seine Bedürfnisse klar auf den Tisch zu legen, besonders wenn sie im Rahmen eines kulturellen Umfeldes erlebt werden, das diesen Eigenheiten (bei Frauen wie bei Männern) skeptisch gegenübersteht. Dieser Mut zur eigenen

Individualität ist aber nicht nur in der Ehe, sondern grundsätzlich eine Voraussetzung, um ein erfülltes und sinnvolles Leben und eine voll entfaltete Individuation zu leben. Insofern bildet auch hier die Ehe die Basis, die Keimzelle der Gesellschaft, weil das, was in der Ehe funktioniert, überall als Basis des Miteinanders dienen kann. Umgekehrt wird das Nicht-Gelingende auch überall sonst zu einer schweren Hypothek. All dies hat in einer Familie im Rahmen einer klaren Ordnung zu geschehen, in welcher zuerst die Ehepartner und dann die Kinder kommen. Diese Ordnung wird von den Kindern immer wieder geprüft werden. Selbstverständlich betonen Kinder immer wieder, dass sie anders sind als die Eltern und suchen ihnen doch zu gefallen. Selbstverständlich sind Eltern für ihre Kinder da, ohne jedoch auf deren Applaus zu zielen. Eltern handeln stets im Hinblick auf das Wohl der Kinder. Dieser Vorgang lässt sich auch im Geschäftsleben beobachten. Geschäftsleitungen können nur Erfolg haben, wenn sie zusammenhalten und den Prüfungen der zweiten und dritten Führungsebene, die diesen Zusammenhalt testen, standhalten.

Doch zurück zu Ehe und Familie: Es lässt sich leicht sagen, was die beste Erziehungsformel für den Mann ist, der im Beruf eingespannt ist: Liebe Deine Frau! Zeig ihr Deine Dankbarkeit für das, was sie tut! Umgekehrt rate ich Frauen, deren Männer im beruflichen Alltag stark eingespannt sind, wie sie ihre Männer motivieren können, früher nach Hause zu kommen: Dankt euren Männern immer wieder für die Arbeit, die sie außer Haus für das Wohl der Familie verrichten, und drückt Bewunderung für ihren Einsatz und ihre Kompetenz aus – und sie werden früher nach Hause kommen!

12 Trainings-Fragen für den »doppelten Anwalt«

- Wie viel Zeit nehme ich mir regelmäßig für die Förderung meiner Männlichkeit oder Weiblichkeit?
- Wie ermutige ich meine Partnerin/meinen Partner, ihre Weiblichkeit/seine Männlichkeit zu entwickeln?
- Wie kann ich mich noch mehr zum Anwalt der Bestimmung der Geschlechtlichkeit meiner Partnerin/meines Partners machen?
- Welche spezifischen Eigenheiten meiner Partnerin/meines Partners machen mir Freude, ohne dass ich sie nachvollziehen oder verstehen kann?
- Wie bringe ich den Respekt gegenüber der geschlechtlichen Identität meiner Partnerin/meines Partners zum Ausdruck?
- Mute ich meiner Partnerin/meinem Partner meine geschlechtsspezifischen Eigenheiten zu?
- Welche Freiräume sollte ich meiner Partnerin/meinem Partner zusprechen und für mich selber in Anspruch nehmen?
- Welches sind die besonderen Begabungen, Talente, Fähigkeiten meiner Partnerin/meines Partners und was tue ich, um diese zu fördern?
- Wie hat sich meine Persönlichkeit in den letzten Monaten positiv entwickelt und woran hat das mein Umfeld gemerkt?
- Was werde ich als Nächstes in mir entwickeln und wie wird mein Umfeld davon profitieren?
- Wie sollte ich meiner Partnerin/meinem Partner klar kommunizieren, was ich wirklich sagen möchte, was mein Bedürfnis ist?
- Welche wunderbaren Dinge könnten meine Partnerin/mein Partner und ich erleben, wenn wir uns mehr Zeit und Freiheit für die Entwicklung unserer Polarität nähmen?

Freundschaft zwischen den Generationen

Als ich vierzehn war, war mein Vater so unwissend, dass
ich es kaum ertragen konnte, den alten Mann um mich zu
haben. Aber als ich einundzwanzig war, war ich erstaunt,
wie viel er in nur sieben Jahren gelernt hatte.
Mark Twain

Für die zunehmende Sprachlosigkeit zwischen den Generationen gibt es eine ganze Reihe von Gründen technischer, sozialer, politischer und ökonomischer Natur. Angefangen mit
dem derzeit grassierenden Jugendwahn bis hin zur – unbe-
stritten sinnvollen – finanziellen Unabhängigkeit der älteren
Generation auf Basis von Rentenversicherung und privater Altersvorsorge. Aber was sind die Ursachen für den Verlust des
generationenübergreifenden Dialoges und Zusammenhaltes,
für das Auseinanderdriften von Jung und Alt in Familie, Beruf
und Gesellschaft? Und was können wir dagegen tun? Ins Zentrum meiner Antwortversuche möchte ich keine moralisie-
rende »Du-Sollst«-Ethik rücken, sondern vielmehr Geschichten und Bilder, die an den besonderen Wert der Freundschaft
zwischen Alt und Jung erinnern und die Sehnsucht danach
wecken sollen.

Beim Begriff »Freundschaft zwischen den Generationen«
mögen viele erst einmal an »Generationenfriede« und »Ge-
nerationengerechtigkeit« denken und dabei vielleicht das
Rentenversicherungssystem im Visier haben. Und in der Tat
bilden Finanzierungs- und Verteilungsprobleme im Renten-
system für viele wohl den Hauptgrund für den immer offener

zutage tretenden Generationenkonflikt. Beim Geld hört ja die Freundschaft auf, so sagt man.

Aber: Das Verhältnis zwischen Alt und Jung lässt sich nicht auf einen zu reformierenden Generationenvertrag, also auf eine politische und ökonomische Dimension reduzieren. Auf diese Weise lassen sich Bruchstellen zwischen Jung und Alt nicht kitten.

Neben die Frage der Altersvorsorge treten drei weitere wichtige Gründe für das schwierige Verhältnis zwischen Jung und Alt: Erstens eine grundsätzliche Asymmetrie in der Wertigkeit von Jugend und Alter. Zweitens die Zersplitterung und Zersiedelung generationenübergreifender familiärer Wohnstrukturen. Und drittens der verschärfte Trend zur alters- und lebensstilorientierten Mikrosegmentierung bei Konsumgütern und Dienstleistungen, vor allem im Freizeitbereich.

Dagegen gibt Freundschaft zwischen den Generationen, wie sie in unserer Definition von Freundschaft angelegt ist, alten Menschen eine Aufgabe, die einerseits ihrer Bestimmung entspricht und andererseits die jüngeren zu deren Bestimmung ermutigt und ihnen einen positiven Ausblick auf ihre Zukunft eröffnet. Zugleich erleben alte Menschen ihr Leben ihrerseits als sinnvoll und blühen auf.

Zielgruppenspezifisch. Genau. Daneben

Am Anfang steht unsere grundsätzliche Einstellung zum Wert des Alterns und des Alters. Die Gemeinde Wallisellen bei Zürich bringt es auf den Punkt, wenn sie auf ihrer Website unter der Rubrik »Jung und Alt« schreibt: »In unserer Gesellschaft herrscht noch immer ein Altersbild vor, das von Defiziten geprägt ist. Worte wie ›Überalterung‹ und Sätze wie ›Können wir uns die Alten noch leisten?‹ zeugen nicht von

Achtung und Annahme alter Menschen. Hier müsste noch viel verändert werden, damit der alte Mensch auch bei uns ein geachteter Teil der Gesellschaft ist und dass seine Kompetenzen und Ressourcen als Nutzen und nicht als Last empfunden werden.«

Der Zerfall der Großfamilie und die Reduktion auf die sogenannte Kernfamilie sind eine Folge von Industrialisierung und Urbanisierung und in dieser Hinsicht nichts unmittelbar Neues. Die Familie hat ihre Bedeutung als Wertschöpfungsgemeinschaft verloren; Wohnort und Arbeitsplatz sind räumlich auseinandergefallen. Die Jungen ziehen der Arbeit hinterher und lassen die Alten zurück, heute in Zeiten der Globalisierung mehr denn je. Der damit verbundene Druck auf die Ballungsräume führt in den dortigen Immobilienmärkten zu Preissteigerungen, denen gerade junge Familien immer häufiger nicht mehr standhalten können. Bei der Besiedlung von Stadtquartieren und Vororten kommt es zu regelrechten Monokulturen, zu einer Trennung, man möchte fast sagen zu einer Ghettoisierung von Jung und Alt. Und das nicht erst heute, sondern streng genommen bereits seit Wirtschaftswunderzeiten. »Junges Wohnen«, »Für glückliche Familien« lauten die entsprechenden Slogans der Immobilienbranche. Wir alle kennen die berüchtigten »familiengerechten« Reihenhaussiedlungen von früher, die als Antwort auf den Babyboom in den 60er Jahren vom Reißbrett weg großflächig in die Vorstadtgürtel hineingebaut wurden. Heute, 40 Jahre später, sind die Kinder von damals längst ausgezogen, der Generationenwechsel bzw. Erbfall ist noch nicht eingetreten, und nun sitzen die Eltern von damals allein in ihren Häusern. Den Sandkasten auf dem verlassenen Spielplatz nutzt nur noch der Hund. So wird die ehemalige Jungfamilienmonokultur zum Altenghetto, während sich zwei Ortschaften und eine Generation weiter dieses »Wohnprojekt der Zukunft« in der nächsten Neubausiedlung wiederholt. Kommt es dann doch einmal zum »versehentlichen« direkten Nebeneinander von Jung und Alt, treten nicht selten Irritationen bezüglich ungewohnter Bedürfnisse und Befindlichkeiten der jeweils anderen Altersklasse auf. Wie aber wollen wir Freundschaft zwischen den Generationen erarbeiten und leben, solange sich beispielsweise deutsche Gerichte an Klageschriften zur »Zulässigkeit« von Kinderlärm in Wohnsiedlungen abarbeiten müssen?

Auch die angesprochene Mikrosegmentierung im Marketing trägt erheblich zur – meiner Meinung nach künstlichen – Trennung von Jung und Alt bei. Immer mehr Unternehmen im Konsumgüter- und Dienstleistungssektor sind bestrebt, ihren Kunden möglichst altersgerechte Lösungen anzubieten. Dabei fällt auf, dass die Zielgruppen bezüglich der demographischen Größe »Alter« in immer kleinere Gruppen unterteilt, also regelrecht zerstückelt werden. Dies führt dazu, dass wir heute neben dem uns mittlerweile vertrauten Seniorenmarketing (mit »Jungsenioren«, »normalen« Senioren und »Supersenioren« oder Ähnlichem) nicht mehr nur die Altersgruppen »Kinder«, »Jugendliche« und »Erwachsene« antreffen, sondern die Segmentierung auch die Gruppe der Erwachsenen weiter aufspaltet. Menschen über 40 Jahren heißen jetzt Midager, GreyGamer, Silver Generation, Silver Ager, Baby Boomer, Selpies, Alt 68er, junge Alte, Master Consumer, Maintainers, Simplifiers, Golden Oldies, SilverMarket, Silver Surfer, Generation 50+, die freie Generation, die unsichtbare Generation, New Age, 50plus, Reife Konsumenten, Best Ager, Third Age usw.

Prinzipiell ist dagegen nichts einzuwenden. Problematisch sind bisweilen jedoch die Zuschnitte der auf dieser Segmentierung aufsetzenden Produkte und Dienstleistungen und vor allem die Art und Weise, wie sie den Zielgruppen von den Unternehmen kommuniziert werden. Denn mit der Zielgruppengenauigkeit wird immer auch – mehr oder weniger explizit – die Abgrenzung zu anderen Altersgruppen mitkommuniziert. So gewinnen wir beispielsweise beim Studium von Reisekatalogen mitunter den Eindruck, dass Familien mit Kindern in bestimmten Hotels schlicht unerwünscht sind, während andere Angebote sich ein »Bitte keine Rentner!« gerade noch verkneifen können. Wer als Mutter oder Vater schon einmal mit zwei unruhigen (Klein-)Kindern in einem Flugzeug saß, in dem sonst nur Geschäftsleute und sogenannte »ältere Herrschaften« reisten, kennt die vorwurfsvollen oder zumindest mitleidigen Blicke der anderen Passagiere, wenn einmal eines der Kinder weint oder sich sonst irgendwie unangenehm bemerkbar macht. Als Folge grenzt man sich ab und fliegt »Family-Class« in ein Familienhotel. Denn da ist der Kinderlärm egal bzw. sogar Teil des Geschäfts.

Wo aber Freundschaft zwischen Jung und Alt nicht mehr die Basis der Beziehung zwischen den Generationen bildet, arbeiten sie nicht mehr miteinander, wohnen nicht mehr zusammen und verbringen auch ihre Freizeit immer seltener miteinander. Unser Verständnis von Freundschaft kann jedoch dazu beitragen, die Beziehung zwischen den Generationen positiv zu verändern.

Der Mix macht's

Setzen wir nun gegen diese Beschreibung des ökonomisch-demographisch unvermeidbar Scheinenden unsere Definition von Freundschaft, wonach auch die Freundschaft zwischen den Generationen darin besteht, dass die ältere Generation sich zum Anwalt der Bestimmung der jüngeren macht und umgekehrt die jüngere Generation zum Anwalt der Bestimmung der älteren Generation wird, so führt das zur Frage, wodurch eine solche Einstellung motiviert und auch belohnt wird.

Zwei Aspekte sind hier wichtig: Selbstverständlich können beide Generationen von der jeweiligen Verschiedenheit der anderen profitieren. Vor allem aber wird eine echte, nachhaltige, innere (wir Psychologen nennen dies eine intrinsische) Motivation darin gründen, dass der jüngeren Generation daran gelegen ist, der älteren würdigend zu begegnen, weil sie beim Anblick dieser älteren Generation eine Ahnung ihrer eigenen Zukunft vor sich hat, also ihrer Bestimmung. In dem Maß, wie ich Älteren positiv begegne, verbessere ich mein Verhältnis zu meinem eigenen bevorstehenden Alt-Sein. Für die ältere Generation heißt es umgekehrt, eine mit möglichst viel Reichtum (im umfassenden Sinne) begabte, beschenkte jüngere Generation zu hinterlassen, so dass sie ihren Lebensabend genießen und im Bewusstsein scheiden kann, einer nachfolgenden Generation optimale Voraussetzungen gegeben zu haben. Oft wird die Motivation von Eltern von der Hoffnung bestimmt, dass es die eigenen Kinder dereinst besser haben sollen als sie selbst. Diese Motivation ist eine intrinsische, nachhaltige und sinnbasierte.

Betrachten wir nun die Möglichkeiten und Fähigkeiten der Menschen in ihrer Jugend und ihrem Erwachsenenleben und vergleichen wir sie mit denjenigen des Älterwerdens. Während der junge Mensch von der Sehnsucht getrieben wird, seinen Platz in der Gesellschaft zu erkämpfen und sich dazu seiner Energie und seiner Kompetenz, also seiner Lernfähigkeit und seiner mentalen Fähigkeiten bedient, nehmen genau diese beiden Kern-Fähigkeiten mit zunehmendem Alter ab: Im Alterungsprozess steht uns mit der Zeit immer weniger Energie zur Verfügung und wir lernen mit weniger Leichtigkeit als in unserer Jugend. Es entsteht mit der Zeit der Eindruck, wir würden immer weniger gefragt sein. Auf dem Arbeitsmarkt finden wir diese Befürchtungen – leider immer noch oft – bestätigt, weil dort vor allem die beiden Kern-Kompetenzen Energie und Lernfähigkeit gefragt sind. Dieses Phänomen widerspiegelt den Jugendkult und damit auch die Kurzsichtigkeit des heutigen Wirtschaftsgebarens, weil nun die zwei potentiellen Kern-Fähigkeiten des Alters zum einen nicht gefragt sind und zum anderen kaum gefördert werden und somit brach liegen.

Als mein Sohn Christian fünf Jahre war, flog er mit seiner Mutter und seiner Schwester in die USA. Wir telefonierten regelmäßig miteinander und während eines Gesprächs fragte mich Christian plötzlich: »Papa, warum hören die Zahlen niemals auf?«

Ich fragte zurück: »Wie kommst Du denn darauf?« Diese Gegenfrage sollte mir Zeit geben, über eine möglichst vernünftige Antwort nachzudenken. Christian war gut vorbereitet und resolut: »Ja, Papa, schau mal, jetzt ist Winter, dann geht der Winter, dann kommt mein Geburtstag am 3. April und ich werde sechs Jahre alt. Dann kommt der Sommer, dann der Winter, dann wieder mein Geburtstag. Und so weiter. Und dann bin ich ein alter Mann, aber mein Geburtstag kommt immer wieder. Und dann werde ich sterben, aber mein Geburtstag kommt immer wieder. Papa, die Zahlen hören niemals auf!«

In dem Moment jubelte mein Papa-Herz, dieser kleine Junge hatte wirklich etwas begriffen, nämlich, dass sein Verstand Dinge begreifen kann und sogar logisch herleiten kann, die unser Vorstellungsvermögen übersteigen. Im Buch der Prediger, Kapital 2, Vers 11 steht: »Gott hat den Menschen die Ewigkeit ins Herz gegeben, nur, dass sie sie nicht begreifen können.«

Schließlich sagte ich: »Großartig, Christian, Du hast die Unendlichkeit entdeckt. Die Zahlen sind zwar eine beschränkte Angelegenheit, doch in sich sind sie unendlich. Genauso ist das Universum *ein* Universum, aber als Universum unendlich. Genauso ist Gott *ein* Gott, aber ewig. Du hast eine Wahrheit des Lebens entdeckt, das ist wunderbar.«

Mein Sohn hatte durch eigenes, logisches Nachdenken den Weg in die Unendlichkeit und in die Faszination der Mathematik gefunden. Er hat die Erfahrung gemacht, sich an einen anderen Menschen zu wenden, der älter ist als er, da offensichtlich Gleichaltrige keine guten Gesprächspartner für diese Frage gewesen wären, und er diesen Menschen in Staunen versetzen konnte. Christian steht heute vor seiner Studienwahl, Mathematik ist ganz oben auf seiner Wunschliste.

Unter Kern-Fähigkeiten des Alters subsummiere ich die emotionale und die spirituelle Kompetenz im Unterschied zu den Kern-Kompetenzen der Jugend, welche physischer (Energie) und mentaler (Fokussiertheit, Lernfähigkeit) Natur sind. Unter emotionaler Kompetenz verstehe ich die Fähigkeit, im Angesicht nicht direkt veränderbarer Schwierigkeiten präsent und greifbar zu bleiben. Man spricht in diesem Zusammenhang auch von Frustrationstoleranz, was nichts mit Gleichgültigkeit zu tun hat, sondern im Gegenteil die Fähigkeit bezeichnet, auch unter widrigen Umständen die innere Verbindung zum Gegenüber aufrechtzuerhalten. Spirituelle Kompetenz meint die Fähigkeit, Orientierung zu stiften, indem man sich auf das Wesentliche fokussiert und weiß, worauf man getrost verzichten kann, und indem man Werte verkörpert und so den Überblick bewahrt. Hier darf man auch von Weisheit sprechen. Diese Beschreibung zeigt auf, dass wir in unserer Welt überhaupt keinen Grund hätten, auf diese Fähigkeiten zu verzichten. Nur werden sie kaum in einem *Quarterly Report*, in einer kurzfristigen Bilanz sichtbar. Und sie entwickeln sich auch nicht gleichsam »automatisch« mit zunehmendem Alter, sondern bedürfen der gezielten Entwicklung derjenigen, die sich wirklich darum bemühen.

Dies beginnt schon damit, wie ich als junger Mensch mit der älteren Generation umgehe. Ich bin sehr dankbar dafür, dass es mir schon als Heranwachsendem vergönnt war, die Neigung zu haben, älteren Menschen aufmerksam und geduldig zuzuhören. Nicht aus Anstand, sondern weil mir klar war, dass es hier echte Lebensschätze gab, Inhalte, von denen ich – seien sie freudvoller oder leidvoller Art – lernen könnte. Es bestand durchwegs ein Einklang zwischen meinem Eigeninteresse und der Anforderung, älteren Menschen würdigend zu begegnen. Von diesen Begegnungen profitierte ich genauso wie die älteren Menschen, denen ich zuhörte. Mein Leben wurde durch diesen würdigenden Umgang mit älteren Menschen direkt gesegnet.

Je mehr unsere Möglichkeiten schwinden – was mit zunehmendem Alter der Fall ist –, umso stärker werden wir uns in einem geglückten Lebensentwurf darauf fokussieren, was uns wesentlich ist, also unserer Bestimmung entspricht. Deshalb ist es ein Rezept für glückliches Altern, sich seiner Bestimmung mehr und mehr bewusst zu werden und diese zu leben.

In diesem Zusammenhang verstehen wir, weshalb das Thema Freundschaft für die Qualität eines Lebens entscheidend ist. Wir werden je länger desto mehr zum Ergebnis unserer eigenen Entscheidungen. Meine Mutter pflegte zu sagen, wie ein Mensch mit zwanzig aussehe, hänge von dessen Eltern ab, »mit fünfzig«, meinte sie »wirst Du aussehen, wie Du gelebt hast. Mit achtzig wirst Du schließlich Deine eigene Karikatur sein.« Diese Weisheit meiner Mutter beinhaltet viele Wahrheiten. Je länger wir leben, desto mehr werden wir die Ernte dessen, was wir gesät haben, selber einfahren – nämlich uns selbst, unsere Person.

Generationen. Treffen

Bei Stadtplanern, Architekten und Immobilienfirmen scheint die Botschaft langsam anzukommen. Immer häufiger liest man von »Mehrgenerationenprojekten« und »generationensensitiver« Gestaltung von Wohn- und Begegnungsräumen.

Auch wenn die verschiedenen Generationen nicht immer miteinander wohnen, so können sie an solchen Orten doch vermehrt und bewusst aufeinandertreffen. Ich persönlich bin sehr froh, mittlerweile mehrere Kindergärten zu kennen, die regelmäßig in Seniorenheime gehen, damit die Kinder mit den Menschen dort spielen, basteln und sich unterhalten können. Und besonders berührt es mich, wenn dies nicht aus Mitleid oder Pflichtgefühl den »Alten« gegenüber geschieht, sondern im Bewusstsein eines Aufeinandertreffens von Freund zu Freund, das auch und gerade für die Kinder eine bereichernde und unverzichtbare Erfahrung ist. Denn viele der Kinder haben keine Großeltern (oder zumindest nicht in der Nähe), zu denen sie regelmäßig gehen können. Ein anderes schönes Beispiel dafür ist die Aktion »Alter macht Schule« von Pro Senectute, wo Senioren ein paar Stunden pro Woche in einer Schulklasse mithelfen – gemäß Berichten reißen sich die Lehrer und Lehrerinnen um diese Senioren.

Dass sich der Trend einer vermehrten Annäherung und Kooperation im Alltag zwischen Jung und Alt verstärkt, diagnostiziert auch der bekannte Freizeit- und Zukunftsforscher Horst W. Opaschowski. Seine Studien machen Hoffnung, indem sie zeigen, dass Jung und Alt jenseits des »Kampfes« um den Generationenvertrag sich zunehmend zu einem »Generationenpakt« zusammenfinden: Zu einer gelebten Solidarität, die weder gesetzlich verordnet ist noch der Blutsverwandtschaft bedarf, um dennoch sich an familiären Werten orientierend einen Austausch von Leistungen und Ressourcen zu organisieren. Dies sind Ansatzpunkte für gelebte Freundschaft.

Dank der systemischen Psychologie verstehen wir je länger desto besser, dass der würdigende Umgang mit den eigenen Vorfahren für das eigene Lebensglück determinierend ist. Das fünfte Gebot »Du sollst Vater und Mutter ehren« ist das erste, das mit einer Verheißung verbunden ist: »… auf dass Du lange lebest und Deiner Tage viele werden.« (2. Mose 20, 12) Je ehrender und würdigender ich mit meinen Vorfahren umgehe – und seien diese auch schon verstorben, so geht es um das würdigende Andenken und Gedenken –, umso würdiger bin ich meiner eigenen Bestimmung gegenüber. Wollen wir uns selbst möglich positiv, d. h. möglichst unserer Bestimmung gemäß entwickeln und unser Leben entfalten, sollten wir mit unseren Eltern und Großeltern so weit möglich einen würdigenden Umgang pflegen.

Ein viel benutzter Leitsatz der systemischen Psychologie in Bezug auf Vorfahren lautet: »Das Gute von Dir nehme ich dankbar, das Schlechte lasse ich bei Dir.« Solche Sätze haben Kraft, wenn sie ausgesprochen werden. Lassen wir doch das Ungute bei unseren Vorfahren und in der Vergangenheit. Danken wir gleichzeitig immer für das Leben, das sich mit und trotz allem von ihnen bis zu uns fortgesetzt hat und an uns weitergegeben wurde. Erst der würdigende Umgang mit Menschen anderer Altersstufen verleiht meinem eigenen Alter Würde.

Im Umgang mit Alten (falls selbst jung) oder im Umgang mit Jungen (falls selbst älter) – oder falls etwas von beidem, in beide Richtungen zutreffend – haben wir immer Gelegenheit, unseren Vorfahren, denen wir alles verdanken, wie auch unseren Nachfahren, für die wir das Bindeglied sind, unserer Bestimmung entsprechend Raum zu geben. Dabei bin ich gewiss, dass ich der Erste bin, der von einer solchen Haltung profitiert!

170

10 Fragen für mein Training der Freundschaft zwischen Generationen

- Wie viele Freunde habe ich, die nicht in meinem Alter sind (mindestens 15 Jahre jünger oder älter als ich)? Wie sieht der »Altersmix« bei meinen Freunden insgesamt aus?
- Wie bringe ich meine Dankbarkeit für das zum Ausdruck, was das Leben mir bislang geschenkt hat?
- Wem gegenüber drücke ich das aus? Besonders Eltern, Erziehern, Lehrern, Verwandten, älteren Geschwistern gegenüber?
- Wie bringe ich meinen jüngeren und älteren Freunden gegenüber Dankbarkeit zum Ausdruck?
- Wie kann ich der Anwalt der Zukunft eines Kindes werden?
- Welche Möglichkeiten kann ich einem Kind eröffnen, damit es im Leben sein persönliches Potential voll ausschöpfen kann?
- Habe ich Frieden mit meinen Eltern und mit meinen Großeltern? Spüre ich deren Rückenwind in meinem Leben?
- Mit welchen nahen Verwandten (insbesondere Eltern, Großeltern usw.) bin ich noch nicht versöhnt? Wie könnte ich mich ihnen würdigend und dankbar nähern (als Person oder in der Erinnerung an sie)?
- Was verändert sich, wenn ich Menschen aus anderen Generationen begegne, als könnten sie mein Leben bereichern, als könnten sie mich meiner Bestimmung ein Stück näherbringen?
- Dort, wo eine Begegnung mit einem älteren Menschen für mich eine echte Bereicherung war: In welcher Haltung begegnete ich diesem älteren Menschen?

Freundschaft im Beruf

Unter meinen Freunden befinden sich auch einfache
Arbeiter, deren Freundschaft ich nicht einmal für die
Gunst von Königen eintauschen würde.
Thomas Alva Edison

Im Beruf geht es letztlich immer auch um Geld. Aber
stimmt es, dass beim Geld die Freundschaft aufhört? Gute ge-
schäftliche Kontakte können doch auch auf die persönliche
Beziehung zwischen den Geschäftspartnern abfärben und zur
Grundlage von Freundschaften werden. So wird zum Beispiel
in Japan die Lieferung eines Produktes oder die Erledigung einer Dienstleistung traditionell nicht als Ende, sondern als Beginn einer hoffentlich fruchtbaren, weil freundschaftlichen
Beziehung betrachtet. Der Wert von guten Beziehungen zu
Kunden ist auch hierzulande den Führungsverantwortlichen
klar. Richtig verstandenes »Customer-Relationship-Manage-
ment« beginnt allerdings schon innerhalb des Betriebs.

In diesem Kapitel will ich den Fragen und Herausforderungen nachgehen, die entstehen, wenn wir Freundschaft, die wir
weder kaufen noch mit Gold aufwiegen können, in einen ökonomischen Kontext einführen, der im Endeffekt von der Logik bezahlen/nicht bezahlen bestimmt wird. Dabei soll nicht
zwischen Freundschaften zwischen gleichrangigen oder hier-
archisch unterschiedlich positionierten Personen unterschie-
den werden.

Die Forderung nach Freundschaft im Beruf wird selten
wörtlich formuliert, taucht aber in verschiedenen Schlüssel-

begriffen immer wieder auf: Im Außenverhältnis läuft sie unter dem Stichwort »Kundenorientierung/Kundenbindung« (z. B. im bedeutungsvollen Begriff »Trusted Advisor«), im Innenverhältnis lauten die Zauberwörter »Teamfähigkeit« oder »soziale Kompetenz«. Auf all dies wollen wir unseren Fokus legen, denn unsere Definition von Freundschaft hat weit reichende Konsequenzen für das betriebliche Leben, sowohl im Innen- wie auch im Außenverhältnis.

Studien zu erwünschten Mitarbeiterprofilen und -verhaltensmustern erweisen »Teamfähigkeit« regelmäßig als zentralen Wert, den ein Mitarbeiter mitbringen sollte. Als Teamplayer sind wir für das Unternehmen von größerem Nutzen. Neben der Fähigkeit zu effizientem Arbeiten wird also auch ein Du- oder Wir-orientiertes Verhalten, eigentlich eine dienende Haltung, gefordert. Diese Forderung ergibt sich daraus, dass Mitarbeiter intensiv zusammenarbeiten und unter Effizienzdruck gemeinsam Leistungen erbringen müssen, und verlässt sich darauf, dass die Mitarbeiter ohnehin – instinktiv oder bewusst – Affinitäten zueinander entwickeln und sich auch über persönliche Themen austauschen, wie private Freunde dies tun.

In Bezug auf die Teamfähigkeit taucht hier die Frage auf, ob »echte« Freundschaften am Arbeitsplatz überhaupt möglich sind. Zur Beantwortung dieser Frage müssen wir eine zentrale Unterscheidung einführen, nämlich diejenige von Leistung (Was tue ich?) und von Identität (Wer bin ich?) bzw. deren wechselseitige Abhängigkeit.

Freundschaft gemäß unserer Definition (als Anwalt der Zukunft) bezieht sich immer auf die Identität einer Person und bildet die Basis für das Tun des Einzelnen wie auch für die Beziehung zwischen den Partnern. Die Identität ist der Kritik enthoben und hat Anspruch auf leistungsunabhängige Wertschätzung und Würdigung. Die Leistung des Einzelnen hingegen wird entlohnt, also bewertet und ist Gegenstand von positiver und negativer Kritik.

Freundschaft kann durchaus am Arbeitsplatz beginnen. Der Ort der Arbeit eignet sich sogar besonders gut als »Brutstätte für Freundschaften«, weil dort gemeinsame Ziele verfolgt und gemeinsame Wege beschritten werden (sollten). Wir sind in dieser Situation »Anwälte unserer gegenseitigen Zukunft«.

Die Unterscheidung zwischen Identität (Person) und Verhalten (Leistung) ist darum eine wesentliche, weil sich Freundschaft immer auf die Person bezieht und nicht als Freipass für mangelnde Leistung missbraucht werden darf. Ich stehe zu meinem Freund, unabhängig der Umstände. Das heißt auch, dass unsere Freundschaft nicht vom Verbleib im selben Team, in derselben Firma abhängig gemacht werden darf. Selbstverständlich werde ich mich für meinen Freund jederzeit einsetzen, aber ihm als »Anwalt seiner Zukunft« gleichzeitig immer reinen Wein bezüglich seiner Leistung einschenken. Ist seine Leistung nicht genügend, um im bestehenden Leistungskollektiv zu verbleiben, werden wir die Konsequenzen ziehen müssen, denn alles andere hieße, dass Freundschaft uns korrumpiert. Das darf nicht sein. Ich gehe in einem solchen Fall davon aus, dass es für meinen Freund einen anderen, ihm besser entsprechenden Ort gibt, an den seine Begabungen besser passen und an dem seine Beiträge zum Erfolg eines anderen Leistungskollektivs wertvoller sind als den Ort hier, den er wird verlassen müssen.

Das ist zwar eine Prüfung für die Freundschaft, weil es unbequem ist, einen Freund zu entlassen. Die Versuchung liegt nahe, ein Auge zuzudrücken. Aber genau dadurch wird die Freundschaft wachsen, weil mit der Zeit klarwird, dass mein Freund nichts anderes tat, als tatsächlich der Anwalt meiner Zukunft zu sein. Denn welchen Sinn hätte es, sich etwas vorzumachen? Wie kann das Festhalten an jemandem mit ungenügenden Leistungen mit der Überzeugung übereinstimmen, dass jeder Mensch Wertvolles mitbringt, das dem Ganzen dient?

Miteinander statt über- oder untereinander

Menschen erleben ihre Arbeit heute zunehmend als wettbewerbsorientiert, von Effizienz- und Zeitdruck bestimmt und als weitgehend entpersonalisiert. Sie erleben die Beziehungen zu Arbeitskollegen, zum Unternehmen und zu Kunden zunehmend als unpersönlich und somit sich selbst als austauschbar. In einer derartigen, prinzipiell jederzeit möglichen Ersetzbarkeit nehmen Menschen andere Menschen in ihrem Arbeitsumfeld verständlicherweise eher als Bedrohung für den eigenen Arbeitsplatz wahr. Es wird ihnen zur Jobsicherung folglich eine ganz andere Form von Freundschaft (gegenüber dem Chef oder den Kollegen) notwendig erscheinen, als wir sie definiert haben.

Dabei wird schnell klar, wie leicht die Idee von Freundschaft am Arbeitsplatz in Gestalt von Teamfähigkeit, Kundenorientierung oder falsch verstandener Loyalität pervertierbar ist. Wenn Freundschaft zum Instrument wird, das opportunistisch und nach der bereits angesprochenen Knappheitsphilosophie genau kalkuliert als Ressource eingesetzt und bei Bedarf wieder entzogen und umgeleitet werden kann. Ebenso wird Freundschaft im eigentlichen Sinn verfehlt, wenn Mitarbeiter sich hinter ihrer »freundlichen Art« verstecken und damit chronische Leistungsdefizite, ihre persönlichen Meinungen oder Konfliktbeladenes kaschieren. Freundschaft darf nie zur moralischen Druckerzeugung missbraucht werden nach dem Motto: »Wie kannst Du mich feuern? Ich bin doch Dein Freund!«

Um derartige Verquickungen zwischen Leistung und Identität zu vermeiden, suchen nicht wenige Unternehmer ihr Heil darin, ihre Unternehmenskultur auf die Erfüllung von Leistungsparametern als einziges Bewertungskriterium für Mitarbeiter zu reduzieren und persönlich Distanz zu wahren. Beziehungen im Unternehmen erhalten demnach nur insofern Bedeutung, als sie definieren, wer wem welche Informationen weitergibt. Dabei wird zumeist betont, dies alles müsse im Dienste des *Shareholder Value* geschehen. Und es ist tatsächlich schwer messbar, wie Freundschaften am Arbeitsplatz die Kursentwicklung einer Unternehmung kurzfristig beflügeln sollen. Doch meiner Überzeugung nach ist ein solcher Ansatz langfristig zum Scheitern verurteilt. Hier soll unser Ansatz von Freundschaft erhellende Lösungsansätze ins Spiel bringen und verständlich machen.

Das Shareholder-Value-Konzept ist für sich allein genommen eine große Enttäuschung. Lange Jahre hatte auch ich geglaubt, es würde die Menschen an ihren Arbeitsplätzen beleben. Aber leider basiert es zu sehr auf kurzsichtiger Denkweise, und nicht auf der alteuropäisch-bürgerlichen Tradition, der nächsten Generation etwas Positives zu hinterlassen.

Diese altmodische Tradition trifft in ihrer Einstellung schon in großem Maß unsere Definition von Freundschaft. Und die Parallelen und Anwendungen sind vielfältiger: Nicht nur ist im wirtschaftlichen Kontext das tägliche Tun selbstverständlich insoweit sinnvoll, als es dem Bedürfnis eines Kunden dient, ob es sich nun um einen internen oder um einen externen handelt. Mit unseren Dienstleistungen und Produkten liegen wir beim Kunden erst dann langfristig richtig, wenn wir etwas Konstruktives zu seiner Entwicklung, zu seiner Bestimmung beitragen können. Deshalb ist es für jeden Anbieter oberstes Gebot, die Bedürfnisse seiner Kunden genauestens zu kennen. Und nicht nur die heutigen offensichtlichen, die auf der Hand liegen. Viel interessanter weil lukrativer ist das Verstehen und Antizipieren künftiger und sich entwickelnder Bedürfnisse, also die Auseinandersetzung mit der Bestimmung des Kunden, der es zu dienen gilt. Kunden begreifen wir analog zu (Privat)Menschen erst dann richtig – das heißt als Freund –, wenn wir sie von ihrer Zukunft her verstehen. Ebenso führen wir dann eine Firma und ihre Mitarbeitenden richtig, wenn wir bei unserem Handeln von deren Bestimmung ausgehen.

Die Schweizer Firma Victorinox, weltweit bekannt als Hersteller des berühmten Schweizer Taschenmessers, verkörpert für mich dieses andere Denken: Selbst in wirtschaftlich äußerst schwierigen Zeiten weigerte sich die Eigentümerfamilie, die Produktion ins billigere Ausland zu verlagern. Victorinox setzte alles daran, die Arbeitsplätze am angestammten Standort im Kanton Schwyz zu erhalten, um als lokal verankertes Unternehmen mit sozialer Verantwortung seinen Teil zum örtlichen Gemeinwesen beizutragen. Die Firmenleitung hatte über all die Jahre hinweg eine freundschaftliche Beziehung zu den Mitarbeitern aufgebaut, die jenseits aller kurzfristigen betriebswirtschaftlichen Kennzahlen einen Wert darstellt, den man nicht einfach aufgeben wollte. Eine Beziehung, die von hohem gegenseitigem Vertrauen und von einer Zuversicht auf eine gemeinsame Zukunft geprägt ist und so die Basis für den Erfolg in der Zukunft legt.

Vertrauen als Spiegel der Schicksalsgemeinschaft

Zahlreiche Manager, mit denen ich regelmäßig spreche, beklagen sich bei mir darüber, dass sie das Vertrauen ihrer Mitarbeiter nicht in dem Umfang genießen, wie sie es in ihren eigenen Augen eigentlich verdienen würden, gemessen an der vielen Zeit und den guten Absichten, mit denen sie sich den Mitarbeitern widmen. Dabei übersehen sie die Aufspaltung von Vertrauen in zwei unterschiedliche Formen, die eben dadurch zustande kommt, dass das Konzept von Freundschaft in ökonomischen Zusammenhängen verwendet wird. Die Manager erwarten diejenige Art von Vertrauen, die wir in privaten Beziehungen antreffen und die frei ist von hierarchischen und ökonomischen Abhängigkeiten. Stattdessen erfahren sie von ihren Mitarbeitern »nur« ein Vertrauen in die Qualität der Managementsentscheidungen im Hinblick auf die Sicherheit der Jobs. Dabei überrascht es mich immer wieder, wie viele Manager im persönlichen Gespräch eingestehen, dass sie für ihre persönliche Motivation und Arbeitsenergie in hohem Maße auf das Vertrauen ihrer Mitarbeiter angewiesen sind.

Die Hierarchie bringt es jedoch mit sich, dass Mitarbeiter immer automatisch aus einer Position der Ungleichheit heraus kommunizieren und handeln. Ungleichheit wird dabei bisweilen mit Ungerechtigkeit verwechselt und wird dann mitunter zur Grundlage für Minderwertigkeitsgefühle oder für Überforderungsängste. Von Minderwertigkeitsgefühlen beeinflusstes Mitarbeiterverhalten wiederum wird vom Vorgesetzten nicht selten als Mangel an Vertrauen interpretiert. »Wie kann es sein, dass meine Mitarbeiter nach all dem, was ich für sie getan habe, nach all der Zeit und der Energie, die ich für sie aufgewendet habe, mir immer noch nicht vertrauen?« Die Antwort lautet: Sie vertrauen ihrem Vorgesetzten längstens, weil sie ihm vertrauen müssen! Denn gemeinsam bilden sie eine Schicksalsgemeinschaft. Als Mitarbeitende vertrauen wir unseren Vorgesetzten grundsätzlich schon deshalb, weil von ihren Entscheidungen unsere Zukunft (also die Chance, in unsere Bestimmung hinein zu leben) abhängt. Es dient also durchaus auch dem Zweck der Überlebenssicherung, dass Mitarbeitende ihren Vorgesetzten grundsätzlich mit einem Vertrauensbonus begegnen. Diese Tatsache ist aber den wenigsten Vorgesetzten bewusst. Deshalb leiden sie ihrerseits häufig unter Einsamkeit und schieben die Gründe für diesen Umstand strukturellen Bedingungen, also hierarchischer Distanz zu. Unter Vertrauen verstehen wir allgemein eine Beziehungsqualität, die auf der Basis guter gemeinsamer Erfahrungen aufgebaut wurde. Vertrauen heißt aber auch, für die Zukunft eine Investition zu tätigen und jemandem »Kredit« (»Glauben«) zu geben. Gute Zusammenarbeit verwandelt das Letztere in Ersteres. Entscheidend ist zu verstehen, dass das Vertrauen im Sinne einer Investition immer bereits vorhanden ist. Mehr oder weniger jeder Mitarbeitende hat sich für seine Stelle entschieden bzw. »Ja« gesagt. Aus Überlebensnotwendigkeit »wollen« die Mitarbeitenden ihren Vorgesetzten vertrauen. Mit diesem Kapital lässt sich als Vorgesetzter wuchern. Es ist die Grundbedingung für gute Mitarbeiterführung.

Dieses Beziehungsmuster ähnelt ein wenig dem Stockholm-Syndrom bei Entführungen, das die psychologische Reaktion des Entführten auf die Entführungssituation beschreibt: Der Entführte versucht nicht selten, sich mit dem Entführer zu solidarisieren. Das ist jedoch nur scheinbar eine paradoxe Situation. Denn der Entführte verhält sich solidarisch nicht trotz der Gefahr, in die der Entführer ihn gebracht hat, sondern gerade wegen des Einflusses, den der Entführer auf die Zukunft des Entführten hat.

Das Verhältnis von Vorgesetzten und Mitarbeitern ist natürlich anderer Natur als dasjenige in einer Entführungssituation. Der Mitarbeitende hat sich dafür entschieden, in dieser oder jener Firma zu arbeiten und weiß sich bezüglich dieser Entscheidung verantwortlich und unabhängig. Aber das Muster der Fraternisierung als Ausdruck der Subordination, d.h.

Freundschaft zwecks Überlebenssicherung, entspringt in der Tat einer wesentlichen psychologischen Verwandtschaft.

Dies führt dazu, dass Untergebene ihren Vorgesetzten grundsätzlich gefallen wollen. So löst beispielsweise das Lob bzw. die Kritik des Vorgesetzten bei den Mitarbeitenden einen viel nachhaltigeren Effekt aus, als wenn ihnen sonst jemand in derselben Situation dasselbe gesagt hätte. Die meisten Führungskräfte sind sich dieser Macht nicht bewusst. Gute Führungskräfte integrieren allerdings diesen Aspekt in ihre Führungsarbeit.

Der Chef als Anwalt der Zukunft seiner Mitarbeiter

Es ist folglich nicht so sehr die Aufgabe des Mitarbeiters, in die Beziehung zum Vorgesetzten zu investieren, als vielmehr umgekehrt. Deshalb tut ein Unternehmer gut daran, sich vor Augen zu halten, dass der Mitarbeiter 60 Prozent seines Alltages der Vision und den Zielen des Unternehmens widmet, und darauf zu verzichten, ständig Vertrauensbeweise von ihm zu verlangen.

Ein guter Vorgesetzter führt seine Mitarbeiter als Anwalt ihrer Zukunft und als Anwalt der Zukunft seiner Firma. Das ist der Kern guter Führung. Es geht nicht um die Frage, ob man als Chef einen eher autoritären oder partizipativen Stil pflegt oder ob man die richtige Management-by-Technik beherrscht. Als Führungskraft sehe ich mich als »Bestimmungsverwirklicher« meiner Mitarbeitenden und der Unternehmung.

Die Mitarbeitenden haben selbstverständlich ein vitales Interesse an ihrer Zukunft. Ob dieses Interesse bewusst oder unbewusst wirkt, ist nebensächlich. Eine wesentliche Führungsaufgabe besteht darin, den Mitarbeitenden diese erstrebenswerte Zukunft und den Weg dorthin immer wieder darzulegen. Dabei ist Kommunikation zentral. Es ist mir als Vorgesetztem bewusst, dass meine Mitarbeitenden auch an meiner nonverbalen Kommunikation, zum Beispiel an meiner Gangart, zu einem beträchtlichen Teil ablesen können, wie es um die Zukunft unserer Firma bestellt ist.

»Kommunikation« verstehe ich durchaus wörtlich: Selbstverständlich ist sie zunächst Informationsvermittlung und -austausch. Darüber hinaus ist sie aber vor allem das Abbild von Gemeinschaft (»Communio«). Voraussetzung für eine so verstandene Kommunikation ist das echte Interesse am Mitmenschen. Dieses äußert sich darin, dass ich durch direkten Austausch wie auch durch Beobachtung und indirekte Berichte genau herauszufinden versuche, welche Bestimmung ein Mensch hat. Ich erkenne das anhand seiner Neigungen und seiner Sehnsüchte, aber auch, indem ich ganz einfach beobachte, was jemand gut tut. Denn eine Basis-Weisheit der Motivations-Psychologie lautet: »Was ein Mensch gut tut, tut er gerne.« Umgekehrt: »Was ein Mensch gerne tut, tut er gut.« Entsprechend ist es als Führungskraft eine meiner edelsten Aufgaben, zu sehen, worin jemand gut ist, um ihm dann eine möglichst dementsprechende Aufgabe zuordnen zu können. Kommunikation – Gemeinschaft – schafft Nähe. Die wenigsten Führenden verstehen, dass ihre Macht zwar durchaus positiv intendiert ist, dabei aber auch erschreckend wirken kann. Es liegt nahe, dass die Machthabenden auf Grund ihrer Position leichter echte Nähe herstellen können und sollen. Gelingt es mir als Vorgesetzter, Nähe herzustellen und die Bestimmung meiner Mitarbeitenden besser zu verstehen, hat dies zur Folge, dass ihre Motivation wächst. Als Vorgesetzter kommuniziere ich meinen Mitarbeitenden ihre Würde und ihr Potential, bis sie sie selber sehen und danach handeln. Es ist dabei aber nicht so, dass ich sie motiviere! Sondern die Motivation kommt von ihnen. Dies ist das Geheimnis der »intrinsischen Motivation«, dieses Antriebes, der eine Person von innen vorwärtstreibt und von äußeren Umständen weitgehend unabhängig ist. Dadurch entsteht im Team ein Leistungskollektiv, das über den Leistungsauftrag hinaus eine sinnstiftende Kulturgemeinschaft von Begabten bildet, der man als Einzelner in verschiedenen Rollen gerne dient und mit der man gemeinsam auf dem Markt anbietet, dem Wohl Vieler zu dienen.

Fassen wir zusammen: Wir sind vom Begriff des Vertrauens ausgegangen. Es ist wichtig zu verstehen, dass die Verschiedenartigkeiten von Vorgesetzten und Mitarbeitenden darin nicht aufgehoben, sondern würdevoll geordnet und respektiert werden. Dabei vertrauen die Mitarbeitenden ihren Vorgesetzten, ähnlich wie dies Kinder ihren Eltern gegenüber tun. Eltern verstehen, dass sie selbst nicht ihre Kinder sind, sondern auf einer anderen hierarchischen Stufe stehen. Diese Verschiedenheit bedeutet Schutz und Ordnung für alle. Zugleich bemühen sich die Kinder, den Eltern zu gefallen. Alle Probleme entpuppen sich als vorübergehend oder gar als Scheinprobleme, wenn von dieser Bestimmung her gedacht wird und im Innenleben der Beteiligten keine anderen unerkannten Prioritäten mitschwingen (zum Beispiel der Wunsch nach Einheit oder der Konflikt mit Autoritäten).

Eine derart entwickelte, leistungsorientierte Kulturgemeinschaft wird zu einem Hort der Entfaltung eines selbstverständlich würdevollen Umgangs, der sich auch in schwierigen Momenten – zum Beispiel bei einer Trennung – bewährt. So wird vorgelebt, was eigentlich eine Binsenwahrheit ist: Allein geht es nicht und das ist eine gute Nachricht!

12 Fragen zum täglichen Training von Freundschaft im Beruf

- Wem dient unsere Arbeit als Team? Welche Bestimmung liegt unserem gemeinsamen Tun zugrunde? Sind wir »Anwälte unserer gemeinsamen Zukunft«?
- Was weiß ich über die Bestimmung meiner Arbeitskollegen im Team? Fördere ich sie?
- Bin ich stolz auf meine Arbeit? Wie müsste ich meine Arbeit verrichten, um auf sie stolz sein zu können? Inwieweit erfülle ich meine Bestimmung in meiner täglichen Arbeit?
- Wie sieht mein Einfluss auf den Erfolg des Unternehmens aus?
- Habe ich das Gefühl, dass mein Einsatz zur Ergebnisverbesserung des Gesamten einerseits und zu meiner persönlichen Entwicklung andererseits beiträgt?
- Wie profitieren unsere Kunden von unseren Leistungen?
- Tue ich, was ich tue, gut? Entspricht, was ich tue und wie ich es tue, meiner persönlichen Bestimmung?
- Wie zeige ich meinen Mitarbeitenden, dass ich für ihr grundsätzliches Vertrauen dankbar bin?
- Wie merken meine Mitarbeitenden, dass ich mich als Freund ihrer Bestimmung einsetze?
- Wie zeige ich meinen Vorgesetzten, dass ich ihnen vertraue und für ihre Arbeit dankbar bin?
- Wie viele Emotionen verbinde ich persönlich mit dem Erfolg meiner Kunden? Wie lebe ich ihre Probleme mit?
- Wie viele Freundschaften haben sich schon aus Kundenbeziehungen entwickelt?

Abschied nehmen

Frei werden und Kraft tanken. Abschied ist das Tor
zur Zukunft.
Anonymes Sprichwort

Abschied mag in Zusammenhang mit Freundschaft gleichsam nur unfreiwillig stattfinden und deshalb als Themen-
komplex in diesem Buch überraschen. Weil aber richtiges
Abschiednehmen eine Kunst ist und gleichzeitig eine un-
umgängliche Anforderung, die das Leben an uns stellt, will ich
dem Handwerk dieser Kunst ein eigenes Kapitel widmen. Es
soll sich bewusst vom modischen Thema des »Loslassens« ab-
heben, indem auch das, von dem wir Abschied genommen haben, unendlich Wertvolles zur eigenen Bestimmung beigetra-
gen hat und im Nachhinein nicht einfach relativiert werden
darf. Im Gegenteil ist eine Würdigung meiner Geschichte der
Weg zur inneren Freiheit.

Richtiges Abschiednehmen besteht aus drei Schritten, die
in anderen Zusammenhängen dieses Buches bereits besprochen wurden, hier aber ihrer Bedeutung für das Abschiednehmen wegen herausgehoben werden sollen.
Es sind dies:
a) Dankbarkeit ausdrücken
b) Vergebung schenken
c) Segnen.

Diese Themen sind eng mit Freundschaft verbunden. Freundschaft mit sich selbst bedingt ein freundschaftliches Verhältnis zur eigenen Geschichte, zur eigenen Vergangenheit. Dies ist nur dann möglich, wenn wir von Bedeutungsvollem würdigend Abschied nehmen – auch von Schmerzhaftem. Gerade weil Abschiede oft mit Schmerzen verbunden sind, neigen viele Menschen dazu, sie entweder oberflächlich zu behandeln (»das ist nicht mehr so wichtig«) oder im Nachhinein schlecht zu reden, sei es, um die Enttäuschung zu verdrängen, sei es, um das Verlorene weniger schmerzhaft zu spüren (»es war nicht so wichtig, deshalb tut es nicht so weh«). Beides lenkt von der Essenz ab, auf welche zurückgelassene Menschen und Ereignisse uns hinweisen, nämlich auf die eigene Bestimmung. Auf diese Weise kann fehlender oder unsorgfältiger Abschied zu Selbstbetrug führen. Um dem, was uns von unserer Bestimmung ablenkt, entgegenzuwirken, sei hier die rechte Form des Abschiednehmens kurz dargestellt.

Dankbarkeit

Indem wir uns Zeit nehmen, all das zu vergegenwärtigen, wofür wir einer Person oder Lebensphase oder Beziehung dankbar sein können, verändert sich automatisch das Denken über diese Erfahrungen. Danken verändert das Denken! Es wird viel von »positivem Denken« geschrieben und gesprochen. Positives Denken ist zweifellos positiv. Das Kernproblem wird durch positives Denken allein aber nicht gelöst, nämlich die Frage, wie wir unser Denken denn überhaupt positiv stimmen können. Die Antwort lautet: Indem wir den Fokus auf Positives legen. Genau das tut Dankbarkeit implizit und automatisch. Fragen wir uns, wofür wir dankbar sein können oder in schwierigen Fällen, wofür wir dankbar sein könnten, so suchen wir automatisch nach Referenzpunkten von Gutem und Wertvollem. Damit stellen wir nicht nur einen positiven Bezug zu diesen Erfahrungen und Personen her, sondern auch zu uns selbst, zu unserem Leben.

Gute Fragen sollte man möglichst lange offen lassen. Das braucht Mut. Gute Fragen suchen keine vorschnellen oder intellektuellen Antworten, sondern bewegen uns dazu, die Antwort zu leben. Deshalb ist Dankbarkeit ein Lebensstil, der nicht nur Freundschaft mit sich selbst und mit Verabschiedetem ermöglicht, sondern auch die eigene Wahrnehmung positiv steuert und uns den Blick für das Wesentliche, für das Wunder des Lebens, öffnet. Diese Dankbarkeit gilt es auszudrücken.

Vergebung

Wollen wir vergeben, geht es in der Tat darum, dass wir etwas geben, nämlich den Anspruch auf Wiedergutmachung. Den müssen wir abgeben. Das ist ein Willensakt und verlangt unsere Entscheidung. Keine Freundschaft kann ohne das Handwerk der Vergebung bestehen. Vergebung ist zwar ein Akt des Willens, auf einer höheren Ebene aber ein Lebensstil und eine lebensbejahende, beziehungsfördernde Einstellung.

Dabei gilt es zwischen aktiver und passiver Vergebung zu unterscheiden. Aktive Vergebung findet dann statt, wenn wir jemandem etwas vergeben. Das können wir auch dann tun, wenn diese Person uns nicht danach fragt bzw. nicht mehr danach fragen kann (falls sie bereits verstorben ist). Es ist unsere Entscheidung, das Ungute, das uns verletzt hat, nicht mehr zwischen diese Person und uns bzw. zwischen diese Lebensphase in unserer Vergangenheit und unser Hier und Heute zu stellen. Wir akzeptieren das Geschehene, ohne es gutheißen zu müssen, lassen uns aber emotional nicht mehr davon bestimmen.

Dafür ist eine grundlegende Entscheidung notwendig: Was ist uns wichtiger, Gerechtigkeit oder unsere seelische Heilung? Gerechtigkeit verlangt nach einem Ausgleich auf derselben Ebene, sinnbildlich in der Statue der Justitia dargestellt, die mit verbundenen Augen zwei Waagschalen im Gleichgewicht hält: Die Strafe ist dem Vergehen angemessen.

Wenn wir Heilung wollen, verzichten wir dagegen bewusst auf jede Form der Wiedergutmachung, auch in unseren Phantasien. Wenn wir vergeben, entlassen wir das Gegenüber, das uns verletzte, in sein hoffentlich positives Leben.

Passive Vergebung heißt, dass wir um Vergebung bitten, wo wir einen Menschen verletzt haben. Wir nehmen Verantwortung auf uns, ohne Erklärungen zu liefern, falls diese nicht ausdrücklich verlangt werden. Ohne Rechfertigung, gleichsam »nackt« bitten wir um Vergebung, die uns entweder zugesprochen oder verweigert wird. Dabei kommt es nicht einmal darauf an, ob uns diese Person tatsächlich vergibt oder nicht. Wir können ohnehin nur für uns selbst die Verantwortung übernehmen. Bei passiver Vergebung handeln wir unseren Überzeugungen gemäß und bleiben uns dadurch treu. Auch im weniger wünschenswerten Fall, wenn uns das Gegenüber nicht vergibt, entsteht so doch Frieden mit mir selbst.

Das Ziel bleibt im aktiven wie im passiven Fall dasselbe, nämlich Heilung und innerer Frieden. Innerer Frieden ist dann erreicht, wenn wir dieser Person oder diesem Lebensabschnitt in unseren Gedanken, Phantasien oder in Realität begegnen können, ohne den leisesten Anflug eines Gefühles von innerer Enge. Positiv ausgedrückt: Wenn wir dieser Person in Freiheit begegnen können, wenn von uns her die Liebe und die positiven Gefühle wieder frei fließen.

Segnen

Segnen ist ganz einfach. Zu Unrecht haben wir diese Handlung dem spirituellen Berufsstand, also dem Priester oder dem Pfarrer delegiert. Um die Essenz des Segnens zu verstehen, kann uns wiederum die Sprache helfen. Segnen heißt im Lateinischen *benedire*, also »Gutes sagen«; das Gegenteil *maledire* heißt »fluchen«. Wir segnen also Menschen, Orte, Beziehungen, Vorhaben oder Zeiten einfach, indem wir Gutes über sie sagen. Wenn wir einander beispielsweise einen guten Morgen wünschen, segnen wir einander – vielleicht, ohne uns dessen bewusst zu sein. Im Arabischen und im Hebräischen wird dies durch die Grußformel *Salam* bzw. *Schalom* (»Der Friede sei mit dir«) noch deutlicher. Inhalt und Zweck des Segnens sind: Ein besseres Leben für alle und ein auf unsere Bestimmung zielender, sinnstiftender Lebensstil. Wir erleben, dass Worte Macht haben und erschrecken vielleicht darob.

Beim Abschied gilt es, dem Vergangenen oder den Verabschiedeten Gutes zuzusprechen und zu wünschen. Dies kann gemeinschaftlich und individuell geschehen. Entscheidend für den Wert des Abschiednehmens ist, dass damit immer die Grundlage für das Nächste, für das Kommende gelegt wird. In dem Maß, wie es uns gelingt, das Vergangene würdevoll und freundschaftlich zu verabschieden, sind wir offen und frei, das Positive, das uns unserer Bestimmung näher bringt, auf- und anzunehmen und umzusetzen. Deshalb ist diese »Kunst des Abschiednehmens« für unser Thema der Freundschaft von vitaler Bedeutung. Kurz und klar: Nimm immer segnend Abschied!

Training des rechten Abschiednehmens

Die Macht meiner Vergebung:

- Mit wem bin ich unversöhnt? Wem gegenüber habe ich Mühe zu vergeben? Was habe ich Mühe zu vergeben? Auf welche (Genugtuungs-)Ansprüche hätte ich zu verzichten?
- Wem gegenüber fühle ich mich moralisch überlegen?
- Welche Freiheit könnte es mir geben, auf alle Ansprüche auf Gerechtigkeit und Ausgleich zu verzichten?
- Ich mache eine Liste von wichtigen Menschen, die heute nicht mehr in meinem Leben sind.
- Ich gehe durch die drei Schritte dieses Kapitels und frage mich, inwieweit ich die drei Punkte bei diesen Menschen bereits umgesetzt habe.
- Wenn es bei mir an einem der drei Punkte dieses Kapitels »klemmt«, mache ich gerade dort die notwendigen Schritte wenigstens »mechanisch«, immer wieder, bis ich frei werde. Wenn ich frei bin, werde ich nicht mehr fragen, woran ich das merken kann!
- Beim Lesen über das Thema Vergebung: Bin ich an gewissen Orten zusammengezuckt, hat sich innerlich etwas verengt?
- Wo sollte ich noch um Vergebung bitten (um meiner selbst und nicht um des Gegenübers willen)? Wo sollte ich Vergebung aussprechen (um meiner selbst und nicht um des Gegenübers willen)?

Die Macht meiner Worte:

- Ich sage bewusst »guten Morgen«, wenn ich daran denke und stelle mir einen guten Morgen für den oder die Angesprochene vor.

- Bin ich mir der Macht meiner Wortwohl (*benedire* oder *maledire*) bewusst?
- Wie würde ich mich ausdrücken, wenn ich annehmen würde, dass Gutes Sagen Gutes und Schlechtes Sagen Schlechtes bewirkt?
- Wenn meine Worte den Unterschied machen können: Was heißt das für mein Selbstbild?
- Segne ich die Menschen um mich herum regelmäßig?
- Halte ich mich mit »Malediktionen« zurück? Könnte ich solche gegebenenfalls zurücknehmen?
- Übe ich mich regelmäßig im Segnen – auch im Segnen von aus meiner Sicht schwierigen Menschen?
- Spreche ich regelmäßig Segen über mein Leben aus?
- Kenne ich Menschen, die mich regelmäßig segnen?

Die Macht meiner Dankbarkeit:

- Wofür könnte ich dankbar sein in meinem Leben? Ich will gleich – innerhalb von zehn Minuten – eine Liste von 100 Dingen aufschreiben, für die ich jetzt dankbar sein kann.
- Drücke ich diese Dankbarkeit regelmäßig aus?
- Wie häufig drücke ich meine Dankbarkeit gegenüber den mir wichtigen Menschen aus? Auf welche Art?
- Wie könnte ich die Wirkung meiner Dankbarkeit vervielfältigen?
- Beim Blick zurück: Wo gibt es dunkle Zeiten, für die mir dankbar zu sein schwerfällt? Warum fällt mir dies schwer?
- Beim Blick auf Schmerzhaftes und Schwieriges: Wofür könnte ich, wenn ich wollte, dankbar sein?

Freundschaft mit Gott

Sei guter Dinge und freue Dich, denn Gott ist
Dein Freund.
Martin Luther

Es gibt zwei Formen von vernünftigen Menschen:
Diejenigen, die Gott von ganzem Herzen lieben, weil
sie Ihn kennen, und diejenigen, die Gott von ganzem
Herzen suchen, weil sie Ihn noch nicht kennen.
Blaise Pascal

Wir selbst und Gott stehen bewusst am Anfang und am
Ende der Liste derer, mit denen wir Freundschaft schließen
sollen. Vom psychologischen Standpunkt aus ist die Freundschaft mit sich selbst Kern und Voraussetzung für die freundschaftliche Zuwendung zu allen anderen Menschen. Doch das
Wesen der Menschen macht nicht halt, wo die Kompetenz der
Psychologie an ihre Grenzen stößt; wir sind spirituelle Wesen
und suchen – auch beim Gang nach Innen – letztlich Gott.
Im ganzheitlichen Sinne lässt sich der Mensch nur von Gott
her umfassend verstehen. Die Gesamtsicht des Menschen darf
nicht auf das Empirische und Fassbare beschränkt werden,
sondern kann erst in der Beziehung zu Gott der in ihm angelegten Tiefe gerecht werden. Es ist der Weg der Entdeckung
seiner selbst, den der Mensch in der aktiven Gestaltung seiner Beziehung zu Gott unternimmt. Vielleicht mögen einige
»Gott« durch »Universum« oder durch »Natur«, durch »Energie«, »Evolution« oder »Etwas Höheres« ersetzen. In der Regel sprechen wir von Gott, und Gott im Zusammenhang mit
Freundschaft. Das Besondere an Jesus Christus ist, dass er ex-

plizit, in direkter Rede, uns Freundschaft anbietet (Johannes 15,15). Dieses Angebot steht. Das ist bemerkenswert und gehört so festgehalten. Denn einzig mit Gott ist ein Dialog möglich, wie wir ihn mit einem Freund führen. Natürlich offenbaren mich diese Worte als gläubigen Menschen. Ob wir an Gott glauben oder nicht, ist unsere freie Entscheidung, die aus uns selbst kommt und die großen Einfluss auf unser Leben hat. Und auf die Art und Weise, wie wir Freundschaften pflegen.

Bedient sich der Mensch seiner Vernunft, so steht er gleich zu Beginn vor der Gretchenfrage. Die These von der Existenz Gottes lässt sich ebenso wenig beweisen wie widerlegen, weil Gott nicht zum Objekt unserer Beweisführungen werden kann. Solches hieße, unser Denken über Gott zu stellen – ein unsinniges und unlogisches Unterfangen. Gott können wir uns nur glaubend nähern. Es ist trotzdem vernünftiger, an seine Existenz zu glauben als sie zu verneinen – zu viele und zu wunderbare Offenbarungen seines Wirkens deuten auch für den naturwissenschaftlich Interessierten darauf hin.

Die Überzeugung, (an) Gott zu glauben, macht für mich schon deswegen Sinn, weil die Evidenzen dafür uns rundum (makro- und mikroskopisch) umgeben und in uns sind. Auch wenn wir uns die Entstehung des Lebens und unsere eigene Existenz evolutionstheoretisch zu erklären versuchen, bleibt dies – angesichts aller Lücken und ungeklärten Fragen der Evolutionstheorie – bei einer Beschreibung eines Prozesses und gelangt nie zur Entschlüsselung der Substanzfragen: Woher kommt Ordnung? Woher kommen wir? Oder wie die Philosophen fragen: Warum gibt es überhaupt etwas? Genauer: Woher kommen die ordnenden Prinzipien (der Physik, der Biologie usw.)? Und woher kommt der Wille der Lebewesen zum Leben, zum Überleben, zur Mehrung? Auch ist es wesentlich zu unterstreichen, dass Gott nicht einfach auf die

Funktion der Erklärung für alles, was wir noch nicht verstehen, reduziert werden soll. Er offenbart seine Größe durchaus auch in denjenigen Dingen, die wir für geklärt halten. Tag und Nacht, Fortpflanzung oder Essen und Verdauen mögen erklärbare Vorgänge sein. Trotzdem haben sie nichts von dem Großartigen, Wunderbaren, von dem Gewaltigen, Ehrfurcht Gebietenden eingebüßt – im Gegenteil. Je mehr wir verstehen, auch im naturwissenschaftlichen Sinne, desto mehr offenbaren sich uns Gottes Größe und Majestät.

Letztlich lautet die Frage im Zusammenhang mit Gott und der Schöpfung bzw. Glauben und Natur: Wollen wir glauben, dass das Materielle und die dumpfe Energie das Ursprüngliche sind, aus dem sich irgendwie und irgendwann zufällig Leben entwickelt hat, das seinerseits wiederum irgendwie und irgendwann Bewusstsein, dann Selbstbewusstsein, schließlich Spiritualität entwickelte? Das Materielle wäre dann das Eigentliche. Das Spirituelle und Intelligente dagegen wären Epiphänome, also Randerscheinungen. Oder wollen wir glauben, dass das Spirituelle, Intelligente das Ursprüngliche ist, das in seiner Entwicklung das Epiphänomen des Materiellen hervorbrachte?

Lehrt uns nicht auch die Alltagserfahrung, dass alles Seiende um uns herum einmal nicht war (zum Beispiel der Tisch, an dem ich gerade schreibe, der Computer, die Tischdecke, das Haus, in dem ich mich befinde usw.)? Und um werden zu können, mussten diese Dinge erst erdacht, dann geplant und schließlich aktiv mit Willensanstrengung ins Sein gebracht werden. Alles heute Funktionierende setzt ein planvolles, intelligentes Entscheiden und Handeln voraus. Sollte das Leben diesbezüglich einem anderen Prinzip folgen?

Dieses Kapitel lädt also alle ein – auch Menschen, die sich nicht als religiös oder als gläubig bezeichnen –, die Gedankengänge über Freundschaft fortzusetzen und über die bekannten Lebensbereiche hinaus auszudehnen. Darin mögen sich einerseits neue Betrachtungsweisen der Frage nach Gott eröffnen, andererseits können bereits vorhandene Perspektiven auf Freundschaft in einem größeren Zusammenhang betrachtet und vertieft werden.

Neben der Sinnhaftigkeit des Glaubens als Erklärungsversuch des Seienden – alles Seienden sowie unseres Lebens im Besonderen – liegt dem Wesen des Glaubens eine Selbstdefinition des Menschen als Beziehungswesen zugrunde: Wir Menschen sehen uns als Wesen, die vom Schöpfer beabsichtigt sind und zum Schöpfer hin leben (sollen).

Deshalb überrascht es vielleicht wenig zu hören, dass sich Gott selbst als liebender Freund offenbart, sowohl im Alten wie auch im Neuen Testament. Seine Freundschaft ist die Basis der Freundschaft überhaupt! Anhand seines Freund-Seins lässt sich unsere Definition von Freundschaft am klarsten und radikalsten ablesen: Gott kämpft um unsere Bestimmung, deren Ausgangspunkt er ganz selbstverständlich ist, indem er uns liebt, uns ermutigt, uns zurechtweist und Prüfungen auferlegt, uns durchtragen hilft – immer mit dem einen Ziel, dass wir unsere Bestimmung finden. So werden Gottes Weg und der unsere eins.

In dem Zusammenhang ist es bedeutsam, dass das in unseren Breitengraden verpönte und mit schwerem Verdacht belegte Wort der »Sünde« im Griechischen *Hamartia* heißt, was auf Deutsch »Zielverfehlung« bedeutet. Wenn es also darum geht, in einem gottgefälligen Leben nicht zu sündigen, so heißt dies ganz einfach, dass wir unserer Bestimmung gemäß und nicht an derselben vorbei leben sollen.

Dazu sei auch erwähnt, dass die Zehn Gebote, die alle mit »Du sollst ...« bzw. »Du sollst nicht ...« beginnen, aus dem Hebräischen übersetzt sind und eher dem Englischen »you shall …« bzw. »you shall not …« entsprechen. Dies hat nicht nur die Funktion von warnenden Geboten, sondern beinhaltet eine ermutigende Prophezeiung über unsere Bestimmung. Es bedeutet: Du wirst so leben, dass Du es nicht mehr nötig haben wirst zu stehlen, Ehe zu brechen, zu lügen usw. Lebst Du Deiner Bestimmung gemäß, bist Du frei von diesen Abwegen, die Dich um Deine Bestimmung bringen. Die Voraussetzung dafür ist, dass Du liebst, wie ein Freund liebt. Und zwar Gott, Deinen Nächsten und Dich selbst.

Das Geheimnis des Glaubens

Was ist das Geheimnis des christlichen Glaubens? Die Definition des Christentums heißt schlicht: »Freundschaft mit Gott.« Der christliche Glaube schenkt dem Gläubigen Gottes Freundschaft. Eine biblische Schlüsselstelle dazu ist Psalm 23:

1. Der Herr ist mein Hirte, nichts wird mir fehlen.
2. Er lässt mich lagern auf grünen Auen und führt mich zum Ruheplatz am Wasser.
3. Er stillt mein Verlangen; er leitet mich auf rechten Pfaden, treu Seinem Namen.
4. Muss ich auch wandern in finsterer Schlucht, ich fürchte kein Unheil; denn Du bist bei mir, Dein Stock und Dein Stab geben mir Zuversicht.
5. Du deckst mir den Tisch vor den Augen meiner Feinde. Du salbst mein Haupt mit Öl, Du füllst mir reichlich den Becher.
6. Lauter Güte und Huld werden mir folgen mein Leben lang und im Haus des Herrn darf ich wohnen für lange Zeit.

»Meine Zukunft ist mein Freund« – das ist die Essenz von Psalm 23. »Muss ich auch wandern in finsterer Schlucht«: Entscheidend ist, mit Vertrauen auf Gottes Hilfe kein Unheil zu fürchten, nicht in der Finsternis zu verharren, nicht stehen zu bleiben, sondern weiterzugehen, voran in eine lichte Zukunft. Es sind nicht die Umstände – obwohl sie erschreckend sein mögen –, die unseren Zustand bestimmen, sondern das Wesen des Höchsten, der uns meint und für uns alles unternimmt.

Für die Freundschaft mit Gott lautet unsere Bestimmung: »Und im Haus des Herrn darf ich wohnen für lange Zeit.« Das heißt: Wenn wir daran glauben, dass die Zukunft unser Freund ist, verändert sich sogleich unsere Gegenwart. Im Refrain eines Gospels, der unter anderem von Elvis Presley interpretiert wurde, heißt es: »I don't know what the future holds, but I know who holds the future.« (Ich weiß zwar nicht, was die Zukunft für mich bereithält, aber ich weiß, wer die Zukunft hält.)

Wie bereits erwähnt, halte ich es für einen großen Rückschritt und einen bedeutenden persönlichen Verlust, wenn wir »Gott« durch »Universum« oder »Natur« ersetzen. Alle Menschen müssen sich bewusst oder weniger bewusst, reflektiert oder weniger reflektiert ihre Welt erklären. Wenn dabei anonyme Erklärungsprinzipien wie Natur oder Universum herauskommen, bleiben diese Größen in Zeiten der Not nicht nur kalt und indifferent, sondern man beraubt sich auch der wunderbaren Freundschaft, die Gott uns anbietet. In psychologischer Hinsicht haben alle Menschen einen Glauben. Die Voraussetzungen des Denkens und Fühlens sind immer Glaubenssätze, die als Glaubenssätze nicht widerlegt werden können. Umgekehrt lässt sich sagen, dass für jeden gesetzten Glaubenssatz genügend Referenzpunkte (»Beweise«) gefunden werden können. Die entscheidende Frage bleibt also: Woran bzw. an wen glaube ich? Und: Woran bzw. an wen will ich glauben? Jesus sagt zu seinen Jüngern kurz vor seinem Abschied (Johannes 15, 15): »Nennt mich nicht länger Meister, ich bin euer Freund.«

Nicht eine unpersönliche Natur, sondern die Person Jesus war es, der dies bei seinem Abschied zu uns gesagt hatte. Die Freundschaft mit Gott ist sein Geschenk an uns und das Herzstück seiner Botschaft. Sie ist konkret erlebbar. Taten ohne Glauben gründen keine Freundschaften. Ein guter Freund vollbringt seine Taten nicht, um Konventionen und Erwartungen zu bedienen, sondern weil er an die Person glaubt, für die er sich einsetzt. Setzen wir unser Vertrauen in Jesus und behandeln Ihn wie den besten Freund, wird unser Leben aufblühen. Wir leben dann unserer Bestimmung gemäß.

An einer Geschichte des alten Pfarrers Joel Jenkins möchte ich gerne zeigen, wie ein Leben der Freundschaft mit Gott möglich ist. In der Adventszeit war Pfarrer Jenkins häufig Erzähler bei Aufführungen von Krippenspielen: Die hochschwangere Maria sucht mit Josef nach einer Bleibe, wo sie ihr Kind zur Welt bringen kann. In einem Gasthof wird ihr vom Besitzer beschieden, er habe hier für sie keinen Platz. Schließlich weist der Mann ihr und Josef einen Stall zu, wo später Jesus Christus geboren wird.

Üblicherweise wird dieser Herbergsbesitzer als harter Mann hingestellt, der offensichtlich kein Herz für Menschen in Not hatte. Joel Jenkins stellte ihn ganz anders dar, nämlich als normalen Menschen – wie Du und ich. Er hatte einfach keinen Platz in seinem Haus, seine Herberge war voll. Offensichtlich war er ein erfolgreicher Betreiber seines Gasthofes, er war ehrlich und er war tüchtig. Dass er für Josef und Maria keinen Platz hatte, war ein Ergebnis seiner Tüchtigkeit, seiner Geschäftigkeit und eine wahrheitsgetreue Antwort über den Zustand seines Hauses. Doch ging ihm das Schicksal dieses jungen Paares nah, da er ihnen ja Hilfe anbot und ihnen den Stall ließ.

Der alte Pfarrer meinte, das sei ein guter Bürger gewesen und drehte den Spieß um. Willst Du ein Leben der Freundschaft mit Gott leben, musst Du Raum schaffen für Jesus Christus. In Deinem Alltag, in Deinem Lebens-Haus, in Deinen Gedanken, in Deinen Worten, in Deiner Tagesplanung, in Deinen Gefühlen und in Deinen Zukunfts-Szenarien.

So einfach ist es. Jesus kommt »schutzlos« und demütig daher, klopft an und bittet um Einlass. Der Platz, den wir ihm geben, den nimmt er ein und uns obliegt es, ihm genügend Platz zu geben.

Gute Theologie und gute Psychologie gehören zusammen

Die edelste Aufgabe der Psychologie sehe ich in ihrer Funktion, dank ihrer Modelle und Erkenntnisse die Theologie vor Irrwegen zu bewahren. Doch die Überhöhung der Psychologie über die Theologie hinaus, wenn sie unabhängig von ihr Inhalte entwickeln will, führt in die Irre, in inhaltsarme geistige Seichtheit. Beispielsweise wird aus einem brauchbaren Denkmodell zur Überprüfung von Einstellungen einer an einem Konflikt beteiligten Person, das den Slogan benutzt »Ich bin okay, Du bist okay«, bei dessen Überhebung zu einem Glaubensinhalt schnell eine orientierungsarme Profillosigkeit.

Umgekehrt wohnt dem – sehr menschlichen – Hang gewisser Theologen, ihre Gedankengänge mit brillanter Logik gleichsam an den Erkenntnissen der Psychologie »vorbei« umsetzen zu wollen, die Gefahr inne, eher die Grenzen des menschlichen Intellekts aufzuzeigen als die Größe Gottes zu reflektieren. Ihren Handlungsanweisungen mangelt es dann an Liebe zu den Menschen, die durch gewisse theologische Prinzipien psychisch eher kranker als gesünder werden. Ein

Beispiel dafür mögen die Protokolle von Inquisitionsgerichten geben, die sich zwar – formal – »perfekter« Theologie bedienten, in der Prozessgestaltung aber eine miserable Psychologie erkennen lassen, was im Ergebnis den Wert dieser Theologie *ad absurdum* (wörtlich: zur Taubheit) führt.

Aus diesem Grund gehören die zwei Wissenschaften zusammen und können sich gegenseitig ein hilfreiches Korrektiv sein. Im Hinblick auf die Essenz der Menschen hat die Theologie das Primat. Doch man muss sich stets die Gefahr vor Augen halten, dass sowohl Theologie als auch Psychologie losgelöst von der je anderen Wissenschaft dazu neigen zu pervertieren. Die Psychologie kann der Theologie Werkzeuge und Kriterien in die Hand geben, mittels derer sie sich vergewissern kann, ob sie ihrem Auftrag, den Menschen zu dienen, gerecht wird oder sich auf Abwege begibt.

Jesus machte diesbezüglich keinen Unterschied: Wenn er jemanden heilte, so unterschied er nicht zwischen physiologischen, seelischen und spirituellen Problemen oder Bedürfnissen, sondern betrachtete die Menschen als Einheit. »Deine Sünden sind Dir vergeben«, sprach er verschiedentlich sogar zu Leuten, die gar nicht um Vergebung gebeten hatten. Aber Vergebung war exakt das, was sie von Gott, ihrem Freund, im Tiefsten benötigten. Es ist wichtig, zwischen positiver und toxischer Religion zu unterscheiden. Positive Religion betont, dass Gott uns ohne Vorleistungen unsererseits Freundschaft anbietet – als Geschenk. Gott glaubt an meine Identität! Er hat sie begründet. Gott will mein Freund sein. Das heißt, Er will die von Ihm angelegten Möglichkeiten zu ihrer Bestimmung führen. Gott weiß um unsere Bedürfnisse. Toxische Religion dagegen macht unsere Leistung und unser Verhalten zur Bedingung der Freundschaft mit Gott, nach der Kurzformel: »Gott liebt Dich, falls Du / solange Du dieses und jenes tust …« Das ist Manipulation.

Gott gibt uns ohne Bedingungen alles: Leben, Bestimmung, Liebe, Begleitung, Vergebung, Kraft, Einsichten, Freunde – und erwartet unsere Antwort auf sein Beziehungsangebot Freundschaft. Unser Leben ist dazu bestimmt, diese Antwort zu sein.

Das Lebensdreieck

Spirituell betrachtet ist die Freundschaft mit Gott das Ultimative. Wenn wir unseren spirituellen Pfad beschreiten, sollten wir uns stets Folgendes vergegenwärtigen: Es war Jesus selbst, der uns die Erkenntnis schenkte, dass alle Fragen und Regeln des Lebens und der Liebe in dem einen entscheidenden Satz ausgedrückt sind: »Du sollst Deinen Gott lieben von ganzem Herzen, von ganzer Seele, von ganzem Gemüt und von allen Deinen Kräften und Deinen Nächsten lieben wie Dich selbst.« (Markus 12, 30 & 31) So schließt sich der Kreis von der Freundschaft mit mir selbst zur Freundschaft mit Gott: Wir bekommen das eine nicht ohne das andere, und beides nicht ohne unsere Freundschaft mit unserem Nachbarn. Wir können dieses lebendige Dreieck nicht durchbrechen. Von einem dreibeinigen Stuhl können wir kein Bein weglassen. Wenn wir Gott aus der Gleichung streichen, werden wir abhängig von anderen Menschen und ihren Schwächen. Ständig werden uns die Fehler Anderer und unsere eigenen irritieren und beschäftigen. Aber wenn wir Gott in unser Leben einbeziehen und ihn als Schöpfer allen Lebens betrachten, werden wir auch gelassener über die Schwächen Anderer hinwegsehen können. Denn schließlich ist alles, was ist, der Wille Gottes, der unser Freund ist und dem wir vertrauen können. Freundschaft schließt den Kreis zwischen Himmel und Erde.

Vieles von dem, was ich im Zusammenhang mit der Freundschaft mit mir selbst, mit meinem Partner, zwischen den Generationen, im Job und nicht zuletzt mit Gott angesprochen habe, weil es mir essentiell erscheint, ist auf wunderbar universelle Weise in einer Schlüsselpassage des 1. Briefs des Paulus an die Korinther, dem »Hohelied der Liebe« zusammengefasst.

Das Hohelied der Liebe

Wenn ich mit Menschen- und mit Engelszungen redete und hätte die Liebe nicht, so wäre ich ein tönendes Erz oder eine klingende Schelle. Und wenn ich prophetisch reden könnte und wüsste alle Geheimnisse und alle Erkenntnis und hätte allen Glauben, so dass ich Berge versetzen könnte, und hätte die Liebe nicht, so wäre ich nichts. Und wenn ich alle meine Habe den Armen gäbe und ließe meinen Leib verbrennen, und hätte die Liebe nicht, so wäre mir's nichts nütze.

Die Liebe ist langmütig und freundlich, die Liebe eifert nicht, die Liebe treibt nicht Mutwillen, sie bläht sich nicht auf, sie verhält sich nicht ungehörig, sie sucht nicht das ihre, sie lässt sich nicht erbittern, sie rechnet das Böse nicht zu, sie freut sich nicht über die Ungerechtigkeit, sie freut sich aber an der Wahrheit; sie erträgt alles, sie glaubt alles, sie hofft alles, sie duldet alles.

Die Liebe hört niemals auf, wo doch das prophetische Reden aufhören wird und das Zungenreden aufhören wird und die Erkenntnis aufhören wird. Denn unser Wissen ist Stückwerk und unser prophetisches Reden ist Stückwerk. Wenn aber kommen wird das Vollkommene, so wird das Stückwerk aufhören. Als ich ein Kind war, da redete ich wie ein Kind und dachte wie ein Kind und war klug wie ein Kind; als ich aber ein Mann wurde, tat ich ab, was kindlich war. Wir sehen jetzt durch einen Spiegel ein dunkles Bild; dann aber von Angesicht zu Angesicht. Jetzt erkenne ich stückweise; dann aber werde ich erkennen, wie ich erkannt bin.

Nun aber bleiben Glaube, Hoffnung, Liebe, diese drei; aber die Liebe ist die größte unter ihnen.

1. Brief an die Korinther, Kapitel 13, 1–13

Die Liebe überdauert alles. Der Schlusssatz wird besonders gerne bei Hochzeiten zitiert, findet ansonsten aber nicht die ihm gebührende Beachtung. Denn die meisten Menschen sind der Meinung, die Bibel handle in erster Linie vom Glauben an und von der Hoffnung auf Gott. Das ist in gewisser Weise auch zutreffend, denn ohne Glaube können wir uns Gott nicht nähern. Der nackten Vernunft ist Gott in seiner Essenz ebenso wenig zugänglich wie das Thema Freundschaft. Der Glaube drückt sich aus in einem inneren Voraussetzen von Gottes Größe und Güte und eröffnet uns so erst die Beziehung zu Gott; der Kern dieser Beziehung ist die Liebe, die Gottes Wesen ausmacht. Dies gilt gleichermaßen für unsere zwischenmenschlichen Beziehungen und für unser Verhältnis zu uns selbst. Wer liebt, hat Vertrauen. Wer Vertrauen hat, gibt nicht auf. Die Liebe gibt niemals auf, lehrt uns die Bibel. Es ist die Liebe, die zählt, der Rest ergibt sich von alleine.

Gott selbst offenbart sich in diesem Hohelied. Er ist die Liebe. Das Hohelied ist die »Beschreibung« seines Freundschaftsangebotes an uns. Wir sollen wissen, auf wen wir uns einlassen, wenn wir sein Angebot der Freundschaft annehmen.

Als Christ stehe ich auf dem Standpunkt, dass meine Bestimmung von Gott und bei Gott ist; das Leben und Erleben seiner Freundschaft weckt und nährt die Sehnsucht in mir, mein Leben meiner von ihm kommenden Bestimmung gemäß zu gestalten, also ein von Liebe geprägtes Leben zu führen. Augustinus nannte diese Maxime: »Liebe, und tu was Du willst.«

Diese Lebensgestaltung bringt meine eigentliche Identität zum Ausdruck. Das Wissen um eine positive Bestimmung, die von höchster Stelle gegeben, getragen, gestärkt und geschützt wird, transformiert mein Selbstbild und somit die Dinge und die Tragweite dessen, wofür ich mich fähig halte. Meinen Lebensstil, mein praktisches Leben bestimme ich vor dem Hintergrund dieser Möglichkeiten und ich versuche, Anderen ein Freund zu sein, so wie Gott mein Freund ist. Die Hoffnung wächst, dass sich mein Wesen dem Seinigen etwas angleicht. All diese Dinge entstehen aus dem inneren Bedürfnis, meiner sich den in der Freundschaft mit Gott mehr und mehr offenbarenden positiven Möglichkeiten gemäß zu leben.

Das bedeutet für mich in erster Linie, Anderen ein Freund zu sein, so wie Gott mein Freund ist. Die Freundschaft mit Gott erinnert erneut an das Gleichnis vom verlorenen Sohn. Gottes Liebe zu mir war bereits vorhanden, bevor ich existierte und irgendetwas gut oder schlecht machen konnte. Sie wurde vor langer Zeit in mein Leben gelegt und hängt nicht von meinem Tun ab. Wir sind dazu bestimmt, im Segen von Gottes Liebe zu wandeln und Liebe zu gestalten. Dadurch findet eine Veränderung, eine Transformation unseres Wesens statt, die sich als Segen für unsere Nächsten sowie für uns selbst auswirkt.

Drei Wege zur Freundschaft mit Gott

Die Vorstellung, mit Gott ein freundschaftliches Verhältnis zu pflegen, wird sich vermutlich nicht jedem von uns sogleich erschließen. Aber vielleicht sollten wir uns darauf einlassen und auf Gott und sein Freundschaftsangebot zugehen. Die nachfolgenden drei Wege sollen dabei behilflich sein.

1. Spirituelle Freundschaft lehrt uns, dass Gott unser Schöpfer ist und wir alle seine Geschöpfe. Diese Erkenntnis bedeutet den ersten Schritt auf Gott zu. Sie setzt die Prioritäten richtig: Da ist ein Schöpfer und seine Schöpfung. Wir sind (nur) ein Teil der Schöpfung, wir sind nicht Gott. Wir stehen nicht an erster Stelle. Menschen, die sich für Gott oder für so mächtig wie Gott halten, sind der Lebensuntauglichkeit preisgegeben. Wir Menschen wurden erschaffen mit dem immanenten Bedürfnis, zu einem größeren Ganzen beizutragen. Wenn aber stattdessen die ganze Welt um uns herumkreist, verlieren wir Gott aus den Augen. Wenn wir uns selbst absolut setzen, werden wir korrumpiert werden und verlieren den Halt.

2. Freundschaft durch Christus gibt Gott Größe, ohne den Menschen klein zu machen. Dies ist für mich eine der zentralen Botschaften einer positiven, nicht-toxischen Religion. Denn die meisten mir bekannten Religionen und Riten basieren auf der Furcht des Menschen vor einem allmächtigen, allwissenden Gott. Die Freundschaft Christi aber überwindet diesen Antagonismus und schenkt uns die Größe Gottes, ohne uns klein zu machen. Wir erhalten unsere Würde.

3. Die Qualität meiner Entscheidungen bestimmt die Qualität unseres Lebens. Wir sind verantwortlich für unsere Entscheidungen. Diese Selbstverpflichtung ist der Preis der Freiheit, die Gott uns durch seine Freundschaft gegeben hat und mit der wir den Weg zu unserer Bestimmung gehen. Der Volksmund bringt es auf den Punkt: »Hilf Dir selbst, dann hilft Dir Gott.« So irreführend dieser Satz in theologischer Hinsicht sein mag – denn Gott hat längstens alles für mich getan –, in psychologischem Sinne ist er hilfreich, weil ich mich erst in Bewegung setzen muss, um seiner Hilfe gewahr zu werden. Gott nimmt uns unsere Entscheidungen nicht ab, aber er berät uns vor der Entscheidung und er begleitet uns, nachdem wir sie gefällt haben. Vor allem aber – und gerade da zeigt er

sich als Freund – ermutigt er uns, uns überhaupt zu entscheiden. Ohne Entscheidung gibt es kein Weitergehen aus dem finsteren Tal, sondern nur Stillstand und Paralyse. Wer Gott vertraut, hat keine Angst vor sogenannten »Fehlentscheidungen«. Gott führt mich. Er ist mein guter Hirte.

Gottes Freundschaft ist DAS Geschenk!

Ohne Bewusstsein der Gnade Gottes schleicht sich Selbstgerechtigkeit in uns ein, was zwar für kurze Zeit unserem Ego dient, aber schnell zu Einsamkeit und Furcht führt. In der Freundschaft mit Gott leben wir aus der Beziehung mit ihm, aus dem täglichen Beschenktwerden, und wir wollen das Geschenk der Freundschaft weitergeben, weil wir ihrer selbst bedürfen, inklusive der Vergebung. Gnade, um die wir bitten, entbindet uns nicht vom Ethos, Gutes zu tun, sondern macht uns erst zum richtigen Tun des Guten fähig. Wir brauchen Gott. Und weil wir das erkennen, beginnen wir, von seiner Güte her mehr und mehr zum Guten fähig zu werden. So wird, was vorher bloßes Gut-Sein-Wollen durch Leistung oder Verdienst war, von moralischer Verkrampfung befreit und öffnet den Weg in den Urgrund des Seins: Gottes Liebe. Gottes Freundschaft führt uns zu unserer wahrhaftigen Bestimmung. Gottes Freundschaft lässt sein warmes Licht der Liebe auf alle unsere Erfahrungen scheinen und hebt damit sogar das Leidvolle ins versöhnend Sinnhafte. Diese Erfahrung bietet sich jedem Glaubenden an, der sich von Gottes Liebe her gewollt und bestimmt weiß. Sie ist die Quelle der unumstößlichen Gewissheit, geliebt zu sein. »Nichts kann uns trennen von der Liebe Gottes.« (Römer, 8, 39)

Diese Wahrheit ist für jeden erfahrbar, der dafür sein Herz zu geben, das heißt, eine freundschaftliche Beziehung mit Gott zu pflegen bereit ist. Auf diese Weise erkläre ich mir, dass das Bedürfnis nach Freundschaft bei allen Menschen gegeben ist und dessen teilweise oder totale Abwesenheit ein Gefühl der Unerfülltheit bzw. der Furcht und daraus resultierend der Getriebenheit hervorbringt.

Umgekehrt werden wir in der Erfahrung von Gottes Liebe eins mit uns selbst, das heißt mit unserer Bestimmung, was sich im Umgang mit unserem Nächsten widerspiegeln muss.

Letztlich ist Gottes Freundschaft ein Angebot in Liebe. Dessen Ausschlagen fällt auf den Abweisenden zurück, weil er freiwillig auf etwas verzichtet, was ihn befreien und zu seiner Bestimmung führen würde. Vor der Grundlegung der Welt hat Gott uns berufen, seine Freunde zu sein (Epheser 1). Von Ihm wurden wir nach seinem Ebenbild erschaffen, um diese Liebesbeziehung zu Ihm zu pflegen.

Unsere Bestimmung ist aber in erster Linie kein Auftrag in Raum und Zeit, aus einer bestimmten Situation zu einem konkreten Ziel hin. Sie kommt aus Gottes Wesen und prägt unser Wesen. Insofern ist es zwar eine Handlungsoption, ob wir Sein Angebot annehmen oder nicht, bezüglich unserer Bestimmung aber eine Notwendigkeit. Das Organ, mit dem man Gott »sehen« kann, ist das Herz. Unsere Sinne erkennen nur einen Ausschnitt des Materiellen, die Vernunft nur einen Ausschnitt des Immateriellen. Einzig in unserem Herzen, dem Sitz der Sehnsucht nach und der Fähigkeit zur Liebe, ist es möglich, mit Gott Verbindung aufzunehmen – jederzeit.

Wie kann ich Freundschaft mit Gott üben?

Wenn ich an Gott glaube:

- Betrachte ich Gott als meinen Freund? Teile ich alles mit ihm?
- Wie gestalte ich meine Freundschaft mit Gott? Ist er mein Meister, mein Vater, meine Mutter? Ist er ein wissender, unterstützender Partner? Fürchte ich mich vor ihm?
- Welche Rolle nehme ich in meiner Freundschaft zu Gott ein? Bin ich loyal, kompetitiv, kontrollierend, liebend? Gibt es Schattenseiten meiner Gottesbeziehung? Bin ich manchmal heuchlerisch, anklagend, wehleidig oder undankbar?
- Wie bringe ich meine Freundschaft mit Gott zum Ausdruck?
- Fühle ich Gott in meinem Herzen?
- Drücke ich Ihm gegenüber regelmäßig Dankbarkeit aus?
- Bin ich mir der Qualität und Auswirkungen meiner Entscheidungen bewusst?
- Begegne ich anderen Menschen mit der Liebe und Ehrfurcht, die darin gründet, dass sie Geschöpfe Gottes sind, also Sein Ebenbild?
- In welchen Situationen und Lebensbereichen erlebe ich die Freundschaft mit Gott als befreiend, in welchen als einengend? Falls ich sie als einengend erlebe: Woher kommt dieses Gottesbild?
- Wie bin ich ein Segen für mein Umfeld? Wie ließe sich das noch steigern?

Wenn ich nicht an Gott glaube:

- Wie äußert sich meine Spiritualität? Wie praktiziere ich sie?

- Habe ich eine Affinität zu einer bestimmten Weltanschauung bzw. einer Erklärung des Universums?
- Betrachte ich die Beschäftigung mit Mythologie, dem Erzählen von Geschichten, mit Wissenschaft und Kunst, Psychologie oder kultur- und religionsvergleichenden Studien als geeignete Formen, um Spiritualität zum Ausdruck zu bringen?
- Welche Rolle spielt Freundschaft in dem von mir gewählten Zugang zu Spiritualität? Wie ließe sich Freundschaft besser darin integrieren?
- Welche Rolle spielt Mitgefühl in meinen Beziehungen zu anderen Menschen?
- Wie bringe ich mein Vertrauen in die Zukunft der Menschheit zum Ausdruck?
- Was würde sich in meinem Leben verändern, wenn ich glauben könnte, dass Gott lebt und die Ursache und der Bestimmungspunkt meines Lebens ist?
- Welche Dinge würden sich konkret verändern, wenn ich diese Freundschaft Gottes als Geschenk annähme, ohne es verdient zu haben oder verdienen zu können?
- Kenne ich eine Gemeinschaft von Menschen, die Ähnliches glauben und mit denen ich diese Freundschaft regelmäßig feiern könnte?

Freundschaft – Immunsystem der Gesellschaft

Im Grunde sind es immer die Verbindungen mit
Menschen, die dem Leben Sinn geben.
Wilhelm von Humboldt

Dieses zusammenfassende Kapitel erinnert noch einmal an die Kernaussagen des Buches und verknüpft die einzelnen Mosaiksteine des dargelegten Konzeptes von Freundschaft in einer umfassenden Darstellung. Ausgangspunkt für abschließende Überlegungen zur Freundschaft als Immunsystem der Gesellschaft ist erneut der Freund, also der Einzelne, und zwar jeder Einzelne von uns. Als Anwalt unserer Bestimmung ermutigt unser Freund uns dazu, unser volles Potential durch Beiträge zum großen Ganzen, also auch zur Gesellschaft, in der wir leben, einzubringen. Neben dem evidenten Vorteil eines Systems, das von solchen Beiträgen der Einzelnen profitiert, erlebt sich auch der gebende Einzelne als positiv und sinnvoll, so dass nicht nur konkret Gutes geleistet wird, sondern auch für alle Beitragenden ein positives subjektives Gefühl entsteht. Auf diese Weise entsteht ein konstruktiver Kreislauf.

Freundschaft macht einen Menschen stark in sich selbst, dynamisch, positiv, zentriert, eigenverantwortlich und zugleich beziehungsintelligent und sozial verantwortlich. Von diesem Denkansatz her ist die Stärkung der Gesellschaft durch das Individuum und dessen Beziehungsfähigkeit evident, durch die wiederum die anderen Individuen gestärkt werden. Diese gegenseitige Stärkung ist dabei keineswegs statisch, sondern dynamisch, weil auf die Zukunft ausgerichtet und von dorther das Gegenwärtige beleuchtend.

Die Soziologie befasst sich hauptsächlich mit Klassen und Schichten, also mit sozialen Gruppen, den darin festgelegten Rollen sowie mit Macht und Herrschaft in Institutionen. Persönliche Beziehungen, in denen sich Freundschaft ereignet, sind aus soziologischer Perspektive eine eher randständige Form des Sozialen. So gibt es bislang nur wenige Beiträge zu einer Soziologie der Freundschaft. Bis heute fühlt sich die Soziologie – auch bedingt durch die Dominanz der Familiensoziologie – für dieses Thema nicht wirklich zuständig. So antwortet die Soziologie bei der Frage, was denn das »Immunsystem der Gesellschaft« sein kann, auch nicht mit »Freundschaft«, sondern eher mit dem Verweis auf das Rechtssystem. In diesem Verständnis manifestiert sich die Gesellschaft als Kommunikation, die Gewaltlosigkeit impliziert. Das Recht sichert die Gewaltlosigkeit der Kommunikation und damit den Fortbestand des Systems. Es wird gleichsam eine Absicherung nach »unten« vorgenommen. Zwischenmenschliche Prozesse sollen ein gewisses qualitatives Niveau nicht unterschreiten bzw. soll mit Strafe belegt werden, wer dies doch tut. Zu mehr reichen die setzbaren Rahmenbedingungen nicht.

Demgegenüber soll es hier um das wenig systematisch untersuchte Phänomen des Einflusses von positiv gestalteten und gestaltenden Zweierbeziehungen auf das Gesamtsystem gehen. Die Veränderungen des Ganzen über den Weg der Stärkung des Einzelnen durch Zweierbeziehungen, die an das Beste der beiden Beziehungspartner glauben und es fördern, mag umständlich und langwierig erscheinen. Meines Erachtens ist es aber der einzige nachhaltige Weg zu einer positiven Veränderung der Gesellschaft. Die Veränderungen sind im Einzelnen verankert. Zugleich setzt sich im zwischenmenschlichen Umgang miteinander überraschend schnell eine andere Stimmung durch, in der sich für den Einzelnen neue Möglichkeiten seiner selbst als Individuum und in Form von Einfluss auf das Ganze eröffnen.

Das Immunsystem sichert das Überleben

Gesellschaftliches Leben bedeutet ein aktives Zusammenleben und nicht ein Nebeneinanderherleben. Daher richtet sich die Stärkung des Immunsystems, die uns am Herzen liegt, gegen alle Zentrifugalkräfte, die dieses Zusammenleben erschweren.

Ein Immunsystem muss das Überleben eines Organismus sichern. In Bezug auf die Gesellschaft kann das Recht allein den Fortbestand und den inneren Zusammenhalt einer Gesellschaft nicht sichern. Bereits die antike griechische Philosophie zeigt den Zusammenhang zwischen Freundschaft und stabiler Gesellschaft auf. Aristoteles weist in seiner Konzeption der Freundschaft (Philia) im 8. Buch seiner »Nikomachischen Ethik« ausdrücklich auf die Bedeutung der *Philia* (Freundesliebe) für die Entwicklung der *Polis* (gesellschaftliche Gesamtheit) hin. Auch bei Aischylos findet sich die These, nur aus der »Wechselseitigkeit des Freudengebens« sei letztlich ein starker innerer Zusammenhalt der *Polis* zu gewinnen.

Eben dies ist mein Standpunkt: Eine Welt und eine Gesellschaft, die durch das Geben reich wird. Eine Gesellschaft, in der das Gute, das getan wird, zum Vorteil aller geschieht. Ich glaube an *Win-Win* und Kooperation, nicht an archaische Zweikampflogik. Wenn mein Gegenüber gewinnt, bedeutet das nicht, dass ich (oder jemand anderes) verlieren muss. Wenn mein Gegenüber »richtig« gewinnt, haben wir beide gewonnen. Als Anwalt der Zukunft meiner Freunde gewinne ich genauso wie sie, wenn sie sich auf den Weg machen, ihre Zukunft positiv zu gestalten. Erst recht profitieren alle, die mit diesen Menschen in einer nichtfeindlichen Beziehung stehen, wenn sich die positive Entfaltung der Beiträge realisiert. Sie profitieren unmittelbar, weil sie ihnen nun mehr Freund sind als früher und mittelbar in Bezug auf ihre eigene Entwicklung und die gemeinsam erarbeiteten Vorteile.

Es lebe die offene Gesellschaft!

Das gesellschaftliche Grundmodell dieser Freundschaftsphilosophie ist folglich das einer offenen Gesellschaft, ganz im Sinne des Philosophen Karl Raimund Popper. Eine vernetzte Gesellschaft, in der alle mit allem verbunden sind, die prinzipiell unendliche Möglichkeiten bietet und nicht auf dem Prinzip der Knappheit basiert. Eine solche Gesellschaft muss geschlechterverbindend und generationenübergreifend gedacht werden, wie es der ehemalige deutsche Bundespräsident Horst Köhler 2004 in einer Rede formuliert hat, als Aufforderung an uns alle, als Freunde unserer Gesellschaft konkret zu handeln: »Wie kann es gelingen, viel besser gelingen, Familie und Beruf besser zu vereinbaren? Was sind uns Kinder wert? Wir müssen auf diese Fragen konkrete Antworten finden. Aber genauso müssen wir auch eine konkrete Antwort auf die Frage finden, was uns ältere Menschen wert sind. Um die Zukunft zu gewinnen, brauchen wir auch deren Erfahrung und Weisheit. Wir müssen an der Freundschaft zwischen den Generationen schon jetzt arbeiten.«

Gerade in Europa scheint die Vorstellung verloren gegangen zu sein, dass Freundschaft die unverzichtbare Grundlage eines (politisch) verfassten Gemeinwesens ist. Der bekannte Philosophieprofessor und ehemalige deutsche Kulturstaatsminister Julian Nida-Rümelin mahnt Politiker wie Bürger: »Eine demokratische Ordnung ist ohne ein intrinsisch motiviertes Engagement für das Gemeinwohl bzw. für einzelne Projekte, die als gemeinwohldienlich wahrgenommen werden, nicht denkbar. Ein erfolgreiches politisches Engagement verlangt nach der Fähigkeit der Kooperation zum Ausgleich von Interessen und insbesondere zur Distanzierung von eigenen persönlichen Interessenlagen.«

Das Neue an unserem Ansatz ist nicht der Inhalt dessen, was in diesen Aussagen moralisch gefordert und logisch hergeleitet wird. Neu ist, dass wir hier nicht mehr von einem Sollen sprechen, sondern von einem Weg, der das gesellschaftlich Sinnvolle von der individuellen Motivation her darlegt. Uns geht es besser, wenn wir dem Ganzen dienen, weil dies unserer Bestimmung als gesellschaftliches Wesen entspricht. Dabei ist es wesentlich zu verstehen, dass wir nicht primär individuelle Wesen sind, die sich im Laufe ihres Heranwachsens und Reifens im günstigen Falle ihrer sozialen Verpflichtung bewusst werden, sondern dass wir zuallererst soziale Wesen sind, die sich im Laufe ihrer Entwicklungspsychologie in zwei Phasen ihrer Individualität besonders bewusst werden: Im sogenannten Trotzalter um zwei Jahre herum und in der Pubertät.

Zuvor besteht unsere gesamte Realität im Erleben von Abhängigkeit (von der Mutter bzw. der Bezugsperson). Dieses Gefühl der Abhängigkeit, ja des Ausgeliefert-Seins ist das Fundament aller darauf folgenden Erfahrungen. Der Wunsch nach Unabhängigkeit – wie erwähnt im Trotzalter und später in der Pubertät voll zur Geltung kommend – führt dazu, Abhängigkeit und ihre schmerzhaften Seiten hinter sich zu lassen und zu sich selbst zu finden.

Die dritte Phase, diejenige der wechselseitigen Abhängigkeit (Interdependenz) ist der Zustand der Reife, in dem wir unsere Abhängigkeit von Anderen ebenso bejahen wie unsere

Unabhängigkeit, die uns erlaubt, unsere Einstellung, unser Wollen und unseren Lebensentwurf eigenverantwortlich zu gestalten. Es ist nun eine Frage der Reife, dass wir, insbesondere unter Druck, nicht in einem der ersten beiden Zustände (Abhängigkeit oder Unabhängigkeit) stecken bleiben oder in ihn zurückfallen. Das Leben im Rahmen der Interdependenz ist komplex, in ihm müssen viele verschiedene Bedürfnisse unter einen Hut gebracht werden. Freundschaft, also die Kraft, die uns als Individuum auf unsere Bestimmung hinführt, von der auch das größere Ganze profitieren wird, wirkt nun gleichsam als wegweisender Lichtstrahl im Dunkel der Komplexität der Interdependenz. Wenn wir uns als Freund verhalten (in Bezug auf unser Gegenüber, über Generationen hinweg, gegenüber dem anderen Geschlecht, gegenüber uns selbst und gegenüber Gott), werden wir automatisch das langfristig Beste tun.

Dank Individuen, die sich zu ihrer Bestimmung hin entwickeln und in der Interdependenz von freundschaftlichen sozialen Beziehungen ihr Potential einbringen, gewinnt die Gesellschaft insgesamt an Kompetenz. Zugleich sind im Ernstfall gute Freunde da, um uns aufzufangen und wieder auf unsere Bestimmung auszurichten, so dass wir statt einer Belastung für das Ganze wieder zu einem Träger der Gesellschaft werden, der wertvolle Beiträge leisten kann. Auf diese Weise wird dank dem Einsatz des Einzelnen für die Zukunft eines Anderen, eines Freundes, das Edelste im Menschen mobilisiert und in den Dienst des Gemeinwohls gestellt. Eine nachhaltigere Motivation gibt es für Menschen nicht.

So wird Freundschaft, wenn sie gemäß unserem Konzept umfassend verwirklicht wird, zum tragenden, schützenden und entwicklungsfördernden Immunsystem der Gesellschaft.

Wie kann (auch) ich das Immunsystem der Gesellschaft stärken?

13 Fragen zum täglichen Training

- Mit welchen regelmäßigen sozialen Aktivitäten (wie Clubmitgliedschaften, Treffen und Einladungen, Wohltätigkeitsveranstaltungen, Kirchgängen usw.) trage ich zur freundschaftlichen Vernetzung innerhalb der Gesellschaft bei?
- Welche weiteren Gelegenheiten für einen persönlichen sozialen Beitrag kann ich mir für mich vorstellen?
- Wo überall in meinem Umfeld kann die Saat von Freundschaft den Zusammenhalt und den ganzheitlichen Wohlstand mehren?
- Was kann ich tun, um jemandes Nöte und Sorgen zu lindern?
- Wo sehe ich Möglichkeiten, wie Andere Wertvolles zum Ganzen beitragen könnten?
- Habe ich schon erlebt, dass die Systeme, in denen ich lebe (Familie, Arbeit, Umfeld), davon profitieren, dass ich meine Präsenz, Aufmerksamkeit, meine Begabungen und meine Zeit investiere? Wovon haben diese Menschen von mir besonders profitiert?
- Wie hat mich das selbst reicher gemacht?
- Habe ich schon erlebt, dass meine Worte des Glaubens an andere Menschen deren Kraft, Hoffnung und Glauben gestärkt haben? Weiß ich, wovon diese Menschen dabei speziell profitiert haben? In welcher Weise gibt mir das wiederum Kraft und Glauben?
- Wie gelingt es mir unter Druck, das Wohl des Ganzen im Auge zu behalten und entsprechend zu handeln?
- Sind die Menschen um mich herum frei im Geben ihrer Beiträge an das Ganze oder wird »gerechnet«?

- Bin ich frei im Geben meiner Beiträge für das Ganze oder erwische ich mich beim »Rechnen«?
- Was könnte jetzt ein Wort der Ermutigung für meinen Nächsten sein?
- Wie geht es meinem Nächsten?

Literatur

Adler, A. (1933): Der Sinn des Lebens; Fischer, Frankfurt am Main 1987

Aristoteles (um 350 v. Chr.): Organon. Herausgegeben und übersetzt von Hans-Günter Zekl; Felix Meiner, Leipzig 2001

Bauer, J. (2006): Das Prinzip Menschlichkeit. Warum wir von Natur aus kooperieren; Hoffmann und Campe, Hamburg 2006

Carson, C. (2000): The Autobiography of Martin Luther King Jr.; Little, Brown Book Group, London 2002

Covey, S. (1999): The 7 Habits of Highly Effective People; Simon & Schuster, New York 2004

Derrida, J. (2002): Politik der Freundschaft; Suhrkamp Verlag, Frankfurt am Main 2002

Derrida, J./Montaigne, M. de (2000): Über die Freundschaft; 3. Aufl., Suhrkamp, Frankfurt am Main 2000

Eco, Umberto (1986): Der Name der Rose; dtv, München 1986

Eichler, K.-D. (Hrsg. 1999): Philosophie der Freundschaft; Reclam, Leipzig 1999

Foerster, H. v. (1993): KybernEthik; Merve, Berlin 1993

Foerster, H. v. (1993): Wissen und Gewissen. Versuch einer Brücke; 7. Aufl., Suhrkamp, Frankfurt am Main 1993

Foucault, M. (1984): Von der Freundschaft als Lebensweise. Im Gespräch; Merve, Berlin 1984

Frankl, V. (1946): ... trotzdem Ja zum Leben sagen; 26. Aufl. dtv, München 2006

Johner, P. (2000): Markt oder Freiheit? Markt und Freiheit!; in: Geschäftsmann und Christ. Die Zeitschrift für Menschen in Verantwortung; 40. Jg, Nr. 11, 2000, S. 2–10

Johner, P. (2003): Persönlichkeits-Entwicklung und Erfolg; in: Reflexionen. Themen für Menschen in Verantwortung; 43. Jg, Nr. 6, 2003, S. 18–24

Johner, P. (2006): Wie entdecke und nutze ich meine Ressourcen? Wie können Menschen mehr aus sich machen?; Vortrag gehalten bei der Internationalen Vereinigung Christlicher Geschäftsleute (IVCG), Gruppe Bayreuth, 28. 4. 2006

Johner, P./Zirkler, M. (2002): Unübersichtliche Methoden- und Konzeptvielfalt; in: HR-Today, Dez. 2002; http://www.hr-today.ch/Artikel_Detail_de.cfm?MsgID=736

Kast, V. (2003): Die Beziehung zur besten Freundin; Redemanuskript, Symposium Philosophie der Lebenskunst – Von der Bedeutung der Freundschaft für unser Leben, 17. 5. 2003; Zentrum am Obertor, Winterthur 2003

Knigge, A. Frh. v. (1788): Über den Umgang mit Menschen; 2. Aufl., Insel, Frankfurt am Main 2001

Köhler, H. (2004): Ansprache vor der Bundesversammlung nach der Wahl zum Bundespräsidenten im Reichstagsgebäude in Berlin, 23. 5. 2004, in: http://www.bundespraesident.de/Anlage/original_620405/23. 05. 2004-Wahl.pdf

Lemke, H. (2000): Freundschaft. Ein philosophischer Essay; Primus Verlag, Darmstadt 2000

Lichtenberg, G. Chr. (1764–1799): Aphorismen; Reclam, Stuttgart 1986

Luhmann, N. (1981): Organisation im Wirtschaftssystem; in: ders., Soziologische Aufklärung 3: Soziales System, Gesellschaft, Organisation; Westdeutscher Verlag, Opladen 1981, S. 390–414

Luhmann, N. (1988): Die Wirtschaft der Gesellschaft; Suhrkamp, Frankfurt am Main 1988

Luhmann, N. (1993): Das Recht der Gesellschaft; Suhrkamp, Frankfurt am Main 1993

Mandela, N. (1994): Anlässlich seiner Antrittrede als erster Präsident der Republik Südafrika, 1994

Marx, K. (1867): Das Kapital. Kritik der politischen Ökonomie; Voltmedia, Paderborn 2004

Meier, Ch. (1983): Die Entstehung des Politischen bei den Griechen; Suhrkamp, Frankfurt am Main 1983

Montaigne, M. de (1580–1583): Über die Freundschaft. In: Klaus-Dieter Eichler (Hg.): Philosophie der Freundschaft; Reclam, Leipzig 1999

Muhl, I. (2006): Johner, der Revolutionär. Interview mit Philipp Johner vom 17. 4. 2005; in: http://www.jesus.ch/index.php/D/article/548-Promis/30388Johner,_der_Revolutionaer/

Nida-Rümelin, J. (2004): Braucht das politische System den Rat der Philosophie? Vortrag am 2. April 2004 in der Europäischen Akademie zur Erforschung von Folgen wissenschaftlich-technischer Entwicklungen. Frühjahrstagung 2004 »Die interdisziplinäre Funktion der Philosophie« 31. März – 2. April 2004 in Bad Neuenahr, in: http://www.gsi.unimuenchen.de/lehreinheiten/jnr/docs/rat_phil.pdf

Nouwen, H. (1991): Nimm sein Bild in dein Herz auf; Herder, Freiburg im Breisgau 1991

Opaschowski (2003): Der Generationenpakt. Das soziale Netz der Zukunft; Primus, Darmstadt 2003

Popper, K. R. (1945): Die offene Gesellschaft und ihre Feinde; 2. Bd., 8. Aufl., Mohr Siebeck, Tübingen 2003

Rapsch, A. (2004): Soziologie der Freundschaft; ibidem, Stuttgart 2004

Robbins, A. (1992): Das Robbins Power Prinzip. Wie Sie Ihre wahren inneren Kräfte sofort einsetzen; Ullstein, Berlin 2004

Rogers, C. (1951): Die klientenzentrierte Gesprächspsychotherapie; Fischer, Frankfurt am Main 1994

Schmid, W. (2003): Von der Bedeutung der Freundschaft für unser Leben; Redemanuskript, Symposium Philosophie der Lebenskunst – Von der Bedeutung der Freundschaft für unser Leben, 17. 5. 2003; Zentrum am Obertor, Winterthur 2003

Schmid, W. (2004): Mit sich selbst befreundet sein. Von der Lebenskunst im Umgang mit sich selbst; Suhrkamp, Frankfurt am Main 2004

Seneca, L. A. (um 62): Philosophische Schriften. Dialoge. Briefe an Lucilius; marixverlag, Wiesbaden 2004

Simmel, G. (1903): Soziologie der Konkurrenz; in: ders., Schriften zur Soziologie. Eine Auswahl; Suhrkamp, Frankfurt am Main 1983, S. 173–193

Simmel (1908): Soziologie. Untersuchungen über die Formen der Vergesellschaftung; 6. Aufl., Duncker & Humblot, Berlin 1983, S. 256–304

Stahel, T. (2006): Wo-Wo-Wonige! Stadt- und wohnpolitische Bewegungen in Zürich nach 1968; Paranoia City Verlag, Zürich 2006

Schwager, R. (1997): Religion als Begründung einer Ethik der Gewaltüberwindung; in Concilium. Internationale Zeitschrift für Theologie, 1997, in: http://theol.uibk.ac.at/itl/61.html

Tönnies, F. (1887): Gemeinschaft und Gesellschaft. Grundbegriffe der reinen Soziologie; Wissenschaftliche Buchgesellschaft; Darmstadt 2005

Verheugen, E. (2003): Zwischen Best-Agern und Senioren: Eine notwendige Differenzierung; in: http://www.reife.ch/Winter03/rw-bestager.html

Vinzens, A. (2003): Goldstaub der Freundschaft; Redemanuskript, Symposium Philosophie der Lebenskunst – Von der Bedeutung der Freundschaft für unser Leben, 17.5.2003; Zentrum am Obertor, Winterthur 2003

Wallisellen (2006): Jung und Alt. Das Geheimnis des langen Lebens; Informationen der Gemeinde Wallisellen, in: http://www.wallisellen.ch/de/soziales/

Weber, M. (1904/05): Die protestantische Ethik und der Geist des Kapitalismus; Area Verlag, Erftstadt 2005

Wehrli-Schindler, B. u. a. (1976): Wohnen im Neubau. Eine interdisziplinäre Untersuchung über die Wohnbedingungen in Zürcher Neubauwohnungen und deren Beurteilung durch die Bewohner; Bern 1976

Wiese, L. v. (1924): System der allgemeinen Soziologie als Lehre von den sozialen Prozessen und den sozialen Gebilden der Menschen (Beziehungslehre); Berlin 1955

Wilde, O. (1892): Lady Windermeres Fächer. Die Geschichte

einer anständigen Frau. Komödie in 4 Akten; Reclam, Stuttgart 2006

Williamson, M. (1952): A Return to Love: Reflections on the Principles of »A Course in Miracles«; Harper Collins, New York 1992